01—

▶ホイッスラー
「黒と金色のノクターン・落下する花火」

【事件 01】の対象作品
(デトロイト美術館所蔵)

Nocturne in Black and Gold - the falling rocket, 1875.
Artist: James Abbott McNeill Whistler (1834-1903)
Dimensions: 60.3 x 46.6 cm
Location: Institute of Art Detroit, USA
(提供：Erich Lessing/K&K Archive/ アフロ)

02—

▶ブランクーシ
「空間の鳥」

【事件 02】の対象と同じシリーズの作品
(ポンピドゥー・センター国立近代美術館蔵)

Bird in Space, c.1920s.
Artist: Constantin Brancusi (1876-1957)
Location: Musee National d'Art Moderne, Paris, France
(提供：Bridgeman Images/ 時事通信フォト)

04—
▶レオナルド・ダ・ヴィンチ
「美しきフェロニエーレ」
（ラ・ベル・フェロニエーレ）

【事件 13】の対象作品とともに真贋鑑定されたもの
（ルーヴル美術館蔵）

Imagetitle: Bildnis einer Dame des Mailander Hofes (La belle Ferroniere), 1495-99.
Artist: Leonardo da Vinci (1452-1519)
Dimensions: 63 x 45 cm
Location: Musee du Louvre, Paris, France
（提供：Artothek/ アフロ）

03—
▶メーヘレン
「エマオの食事」

【事件 05】の対象作品とともに真贋鑑定されたもの
（ボイマンス美術館蔵）

The Supper at Emmaus, 1937.
Artist: Han van Meegeren (1889-1947)
Dimensions: 115 x 127 cm
Location: Museum Boijmans Van Beuningen, Rotterdam, the Netherlands
（提供：dpa/ 時事通信フォト）

アート・ローの事件簿

盗品・贋作と「芸術の本質」篇

島田真琴

慶應義塾大学出版会

はしがき

本書は、日本および諸外国のアートに関する裁判事件をできるだけわかりやすく紹介するシリーズの一つです。ここでは、「アートとは何か」が争われた事件を出発点とし、盗難・略奪美術品と贋作美術品に関する事件を中心に取り上げました。裁判事件における裁判官や弁護士の話や文章には専門用語とわかりにくい独特の言い回しが多用されていますが、本書では、これらをできるだけ普通の言葉や表現に言い直したり置き換えたりして、法律を知らない人でも読みやすいように配慮しました。

美術品の購入、所有、売却などに関わるアーティスト、美術商、コレクターなどの間の争いや裁判はときおりニュースになりますが、事件の背景や判決の内容までがきちんと紹介されることはほとんどありません。しかし、裁判所の判決は、実際の事件においてどの法律がどのようにして適用されるのかを知るうえで不可欠であり、アート作品を買ったり売ったり借りたりしようとする際の行動指針として重要です。さらに、アートに関する裁判事件は、これに巻き込まれた作品をアートと認めたり、その真贋を判断したり、価値や評価を上げたり、美術史における位置づけを決めたりする役目を果たすこともあります。たとえば、アメリカに「彫刻その他の美術品」を持ち込む場合は輸入の際の関税が免除されますが、かつての税関は、「彫刻は、人体その他の自然の事物を彫ったものだけを指し、抽象的なイメージを表現するものはこれに含まれない」と判断し、前衛美術作品には関税を課す扱いにしていました。それが、本書に紹介している、彫刻家ブランクーシの「空間の鳥」という作品をめぐる1928年の裁判の結果、抽象彫刻も「美術品」に含まれるようになったのです。また、パリのルーヴル美術館が、その所蔵する「美しきフェロニエーレ」という絵画をレオナルド・ダ・ヴィンチの真作と確定したのは、本書で紹介する「二枚目のダ・ヴィンチ作品」の真贋をめぐる裁判を経た後のことです。エゴン・シーレ作品のカタログレゾネ（芸術家の全作品を網羅したリストで、これに含まれていない作品は贋作との疑いを受けます。）に「父なる神の前で跪く若者」という作品が掲載されるようになったのも、一つの裁判事件をきっかけとしています。このように、裁判事件を知ると、アーティストやその作品をより深く理解できるようにもなるのです。

本書では、各事件の経緯、裁判の内容と簡単な解説の後に、事件に関連するアート作品、アーティスト、または争いの当事者に関するエピソードを紹介することにより、読者の皆さんがアート作品の来歴や美術史における位置づけなどを理解できるように工夫しました。

アートを愛する多くの方々に、アートを楽しむための一手段として本書を利用していただけたら幸いです。

本書の企画から刊行までの全工程において、慶應義塾大学出版会編集部の岡田智武氏にひとかたならぬお世話になりました。心より感謝申し上げます。

2023年3月

島田真琴

目次

はしがき　i

I　アートとは何か

事件01　ホイッスラー「黒と金色のノクターン・落下する花火」の経済的価値……3

事件02　ブランクーシ「空間の鳥」とアート？……11

事件03　ビル・ヴィオラ、ダン・フレイヴィンのインスタレーションは美術品か？……19

事件04　スターウォーズ、ストームトルーパーのヘルメットは彫刻か？……26

II　アート犯罪

事件05　フェルメール贋作の売渡しは犯罪にあたるのか？……37

事件06 身代金目的の絵画泥棒？……45
事件07 古代エジプト彫像「アメンホテプ3世頭部像」の輸入……53
事件08 エゴン・シーレ「ヴァリーの肖像」と国家盗品法の「盗品」……63
コラム パンテオン・マーブルはギリシャに返すべきか？ 76

Ⅲ 盗品・略奪品は取り戻せるのか

事件09 クロード・モネ「ヴェトゥイユの小麦畑」は取り戻せるか？……79
事件10 紛失したシャガール「家畜商人」……89
事件11 エゴン・シーレ「左足を折って椅子に座る女（トルソ）」、「黒いエプロンの女」、「顔を隠す女」とナチスの略奪……98

事件12　ウテワール「聖家族、聖エリザベスと聖ジョン」と誠実な取引？……108

Ⅳ　アートの真贋

事件13　二枚のダ・ヴィンチ「美しきフェロニエーレ」？……119
事件14　佐伯祐三の未発表作品群の真贋……130
事件15　エゴン・シーレ「父なる神の前に跪く若者」の『E』と『S』……138
事件16　クストーディエフ「オダリスク」は贋作か？……149
コラム　贋作版画の売却は詐欺罪ではない？　160

Ⅴ　贋作売買

事件17　コンスタブル「ソールズベリー大聖堂」（贋作）の売買代金は取り戻せるか？……163
事件18　美術愛好家が購入したアングル「トルコ風呂のための習作」（贋作）……171
事件19　美術専門商が購入したガブリエレ・ミュンター作品（贋作）……181
事件20　ヴァン・ダイク「レノックス公ジェイムス・スチュアート」は贋作だったのか？……190
事件21　日本で裁判になったギュスターヴ・モロー「ガニメデスの略奪」（贋作）……203
コラム　ダミアン・ハーストの実験　214
注　217
参考文献　219
美術関連の参考資料　222

I

アートとは何か

「アート」、すなわち美術や芸術は、法律の定めによって保護されたり規制を受けたりする。

たとえば、物品の輸出入の際にかかる税金（関税）を定める日本の関税定率法は、美術品、すなわち「肉筆の書画、版画、彫刻」の関税は無税と定めている。また、日本の著作権法は、絵画、版画、彫刻や美術工芸品等を「美術の著作物」として保護の対象にしている。これらの法律が定めている「肉筆の書画、版画、彫刻」や「絵画、版画、彫刻」の意味は、19世紀までは客観的に明白だった。しかし、20世紀以降の現代アートを既存の美術品と同じ範疇に入れてよいのかどうかについては、人それぞれの趣味嗜好、世界観、感性、世代等によって考え方が異なる。この違いは、法律の解釈や適用に不一致を生み、紛争の原因になる。「アートとは何か」という問題は、美術史や美学の専門家の間でも見解が分かれているが、これが裁判で争われたとき、裁判所は紛争解決に必要な限度で一定の解釈基準を示さなければならない。

【事件01】は、アーティストと美術評論家の間で美術作品にアートとしての経済的価値があるのかどうかが争われた事件、【事件02】と【事件03】は、現代アート作品が関税法上のアートにあたるかどうか、そして【事件04】は、映画用の小道具（ヘルメット）が著作権法上のアートかどうかが争われた事件である。

これらの事件簿を読めば、裁判所が決めた「アート」の意味と美術専門家や一般人がアートと考えているものとは必ずしも一致していないことがおわかりになるだろう。

事件01

ホイッスラー「黒と金色のノクターン・落下する花火」の経済的価値

ホイッスラー対ラスキン事件［イギリス］

■事件の経緯

1877年、アメリカ人の画家ホイッスラーは、ロンドンのグローヴナー・ギャラリーが開催した展覧会にその作品「黒と金色のノクターン・落下する花火」《口絵01》を出品した。この展覧会は、伝統を重んじて保守的な絵画しか認めようとしないロイヤルアカデミーが開催する官展に対抗して、革新的な画家たちに作品を発表する機会を与えるためのもので、エドワード・バーン＝ジョーンズらラファエル前派の画家たちも出品していた。ホイッスラーの作品は、ロンドン市内のリゾート地であるクレモン公園の花火からインスパイアされたもので、霧深い夜空に打ち上げられた花火が抽象画のように描かれていた。彼はこの絵に200ギニー（約200ポンド）の売り値を付けた。これは当時としてはかなりの高額だった。

この展覧会に訪れた美術批評家ジョン・ラスキンは、彼が発行している大衆向けの月刊誌に出品作品の論評記事を書いた。彼は、バーン＝ジョーンズの作品を「将来は古典に加えるべき傑作」と絶賛したが、ホイッスラーの作品に関しては、「リンゼイ卿（グローヴナー・ギャラリーの経営者）は、購入者のみならずホイッスラー氏本人のためにも、こんな作品の出品を認めるべきではなかった。……私はこれまで、下町のゲスな輩の厚かましいふるまいを散々目にしてきたが、絵の具壺の中身を公衆の顔にぶちまけて200ギニーを要求するような気取り屋がいるとは思わなかった。」との批評を載せた。

ホイッスラー（原告）は、この記事を読み、ラスキン（被告）を名誉毀損で訴えて損害賠償を請求することにした。請求金額は、1千ポンドおよび裁判費用だった。

■裁判

ラスキンの論評は真実に基づいているか？

イギリスの法律上、名誉毀損に基づく損害賠償請求が認められるためには、原告は、被告が原告の名誉を傷つけるおそれのある情報を第三者に告げたことを主張立証しさえすればよい。被告が責任を免れるためには、原則として、被告が第三者に告げた事実が真実であること、またはそれが被告の意見である場合は、その意見の根拠となる事実が真実であることを立証しなければならない。本件では、被告ラスキンの記事の内容が原告ホイッスラーの名誉を傷つけることは客観的にみて明らかであり、また新聞記事として掲載した以上、第三者に告げたことも争う余地はない。したがって、裁判の争点は、ラスキンの記事における論評、すなわち、ホイッスラーの作品「黒と金色のノクターン・落下する花火」が「絵の具の中身をぶちまけたようなもので、200ギニーに値しない」ことが事実に基づく意見であり、かつそのような事実が真実であることを立証できるかどうかという点に集約される。また、名誉毀損の裁判は陪審制によるので、被告ラスキンは、十二人の素人の陪審員にこれを納得させる必要がある。

ホイッスラーとラスキンの主張

裁判は、翌1878年11月に開かれた。

原告ホイッスラー側の証人として、美術評論家のウィリアム・マイケル・ロセッティ（画家ロセッティの弟）他二名が証言台に立ち、彼の作品は200ギニー以上の価値があると証言した。さらにホイッスラー本人は、被告ラスキンの記事により芸術家としての名誉が傷つけられたことを訴えた。

これに対し、被告側は、ホイッスラーがこの作品に関して200ギニーに値する仕事をしていないことを認めさせようとした。被告代理人のホイッスラーに対する反対尋問の一部を要約すれば以下のとおりである。

（被告代理人） この作品は何を主題にしているのでしょうか？

（ホイッスラー） これは夜景です。クレモン公園の花火を表しています。

（被告代理人）　クレモンの風景ですか？

（ホイッスラー）　これがクレモンの景色だとしたら、鑑賞者は失望するでしょう。景色は何も描いていないので。これは芸術的な試みです。だから作品名もノクターンとしました。つまり……。

（被告代理人）　この絵はかなりの期間をかけて描いたのでしょうか？　どのくらいで片付けたのですか。

（ホイッスラー）　このサイズを片づけるのは多分2日というところでしょう。描くのに1日、仕上げにもう1日です。

（被告代理人）　たった2日の労働の対価として、あなたは200ギニーを要求したわけですか？

（ホイッスラー）　違います。その金額は、私のこれまでの全人生経験により得た知識の対価です。


被告ラスキン側の証人は、画家のバーン＝ジョーンズ他二名だった。ラスキン本人は、病気のためにこの法廷には出頭せず、証言できなかった。ラスキンは、イギリス美術界での長年の活動を通じて、ラファエル前派の画家たちをはじめとする多くの画家や美術専門家と親しかったので、多くの芸術家が出頭して彼の論評を支持してくれるものと期待していた。しかし、彼の知り合いの中で、証人を引き受けてくれたのは盟友であるバーン＝ジョーンズだけだった。しかも彼は、ホイッスラーが優れた画家であることなどを証言した。ただし、この事件の作品に関しては、「スケッチとしては美しいが、未完成のように見える。」と述べた。この発言はラスキンに有利ではあるが、彼の論評の真実性を証明するのに十分かどうかは疑問がある。

被告ラスキン側のもう一人の証人は、当時の売れっ子画家、ウィリアム・ムーアだった。彼は、「この絵は美術作品とはいえない。」と断言した。しかし、彼は反対尋問で、「ターナーの絵はどう思いますか？」と聞かれて、「ターナーの晩年の作品は正気で描いたとは思えないし、これを称賛する人たちも正気とは思えない。」と証言した。当時のイギリス美術界で、ウィリアム・ターナーは最も尊敬されている画家であり、ラスキンも高く評価しているので、この発言は陪審員の賛同を得られなかった。

陪審員の評決†

当初、陪審員たちは、ホイッスラーの作品を最初に見た印象から、被告ラスキンを勝たせる方向に傾いていたようだった。彼らに対し、裁判官は最後の説示において、「この裁判における陪審員の役割は、被告の記事の内容、すなわち、原告の作品が２００ギニーに値しない駄作であること、または被告が十分な根拠に基づいてそのように述べたことが、法廷における専門家の証言によって立証されたかどうかを判断することである」と再確認し、個々人の印象だけに流されず、きちんと証拠を検討するようにと促した。陪審員は、裁判官の説示に従って証拠を再検討のうえ、被告ラスキンが原告の名誉を毀損したことを認めるとの評決をした。

結論

被告ラスキンが原告ホイッスラーの名誉を毀損した事実は認められたが、原告に対する賠償金は４分の1ペニー（1ポンドの千分の1ほど）という名目的な金額だけだった。裁判費用は各自の負担となった。

■事件の評価とその後

美術品に経済的価値がないという証明は簡単ではない

この事件は、画家と美術評論家の間で、特定の作品に経済的価値があるのかどうかが争われた裁判事件である。ホイッスラーは、旧態依然としたアカデミーの体質を打ち破って新しい芸術を推進する騎手の一人といわれる画家、他方のラスキンは、ウィリアム・ターナーやラファエル前派など近代絵画の画家たちを擁護し育て上げてきた著名な美術評論家であることから、原告被告の言い分を擁護するため多くの芸術家や美術評論家がそれぞれの芸術論を述べた。しかし、結論としては「作品に経済的価値がないこと」を裁判において証明するのは容易ではないことが明らかになっただけだった。

イギリスの法制度上、名誉毀損の事件では、名誉を毀損する発言を行った側が自分の発言が真実であることを証明しなければならないので、被告の負担が大きい。ただし、政治家、芸能人、芸術家など、社会に注目されることを生業とする人たちに対する揶揄や批判は、多少の毒気があっても、ユーモアやウィットを混ぜていれば許容され、訴訟にまで至ることは少ない。その点、本件の両当事者は、どちらも生真面目で頑固過ぎたのだろう。

膨大な費用がかかる名誉毀損裁判

英米における名誉毀損の裁判は、当事者の一方が要望した場合は陪審制によることとなり、膨大な費用がかかる。この事件でも、ホイッスラーは、裁判費用を捻出するために家屋敷を担保に借金をしたが、裁判に勝ったものの賠償金の請求がほとんど認められなかったため、裁判の翌年（１８７９年）に破産し、家屋敷を売却せざるを得なかった。

他方のラスキンは、裁判に負けたことにより、彼がそれまでに築いてきた近代絵画芸術の擁護者としての名声に傷がついてしまった。彼が支援してきた芸術家たちの協力が得られなかったこともショックだったようで、同じ１８７９年、神経衰弱によりそれまで勤めてきたオックスフォード大学の教授職を辞している。

結局、本件の裁判は、両当事者に大きなダメージを与えただけで、美術界には何も残さなかった。

■ホイッスラーとその作品

ジェイムズ・アボット・マクニール・ホイッスラー（１８３４年－１９０３年）は、アメリカ合衆国マサチューセッツ州出身、19世紀後半にフランスとイギリスで活躍した画家である。彼は、１８５５年頃からパリで美術を学び、当時の革新的な画家であったギュスターヴ・クールベに強い影響を受けた。彼は、フランス画壇が推奨する伝統的な画風には飽き足らず、サロンに対抗する落選展に参加するなどしたが、同じ頃にパリで活躍を始めた印象派の作風とは一線を画した。1874年にドガから第一回印象派展への出品を誘われた際も断り、その後は、活動の重点をロンドンに移していった。

ホイッスラーは、絵画は現実世界の再現ではなく、作者の芸術観をカンヴァス上に表現することであるとの考え方をとり、作品のテーマや対象よりも色彩と形態の組み合わせによって調和のとれた画面を構成することを重視した。作品の題名に「シンフォニー」、「ノクターン」、「アレンジメント」などの音楽用語を多用したのは、鑑賞者に、主題や対象とは無関係に作品を評価してもらおうとの意図からである。

この事件の作品「黒と金色のノクターン・落下する花火」も、クレモン公園内の風景画ではないことを示す意図でそのような題名にした。黒の中に飛び散る金色の効果を示すことに重点を置いた結果、一見すると抽象画を先取りしたような作品になっている。ラスキンは、これを見て明らかな手抜きとみなし、あのような辛辣な論評に繋がった。ホイッスラーは本事件の裁判で、「この絵を2日で片づけた」と証言したが、この発言は、彼の表向きのポーズに過ぎない。実際のホイッスラーはこだわりの強い性格であり、一枚の絵を描くために何度も習作を繰り返し、完成品も納得がいかないときは最初から描き直していた。注文を受けて制作した肖像画をいったん描き終えた後、未完成と言い張って何度も修正を重ねて引き渡しを拒んだため、依頼主から訴えられたこともあった。†2

本事件の作品「黒と金色のノクターン・落下する花火」は、20世紀中頃に流行ったアメリカ抽象表現主義を予感させる驚嘆すべき作品と位置付けられている。現在は、アメリカのデトロイト美術館が所蔵している。

事件02

ブランクーシ「空間の鳥」とアート？

ブランクーシ対合衆国事件［アメリカ］

■事件の経緯

アメリカの展覧会に出品するために搬入した「美術品」

1926年、彫刻家コンスタンティン・ブランクーシの大回顧展が、ニューヨークのブラマー・ギャラリーで開催されることになった。展覧会のキュレーターは、ブランクーシの親友であり彼の支援者でもある芸術家マルセル・デュシャンである。アメリカの写真家エドワード・スタイシェンは、ブランクーシから購入した「空間の鳥」という傑作をこの個展に出品するため、パリからニューヨーク港に船便で送った。この作品は、1・3メートルほどの高さの細長い黄金色のブロンズで、その中央部分に少し丸みがあり上下は緩やかに先細りした形状をしている。アメリカの関税法上、彫刻、絵画などの美術品を輸入する場合には関税がかからないことになっている。しかし、ニューヨーク港の通関職員は、この作品を彫刻ではないと判断し、「台所用品および病院用品」に分類した。作品「空間の鳥」は、この分類の物品として通関し、ニューヨークとシカゴの展覧会で展示された。

１９２７年2月、連邦通関当局は、スタイシェンに対し、米国内に持ち込まれたブランクーシの作品は、代金の40パーセントの関税を支払う必要があるとの決定を通知してきた。「空間の鳥」の場合、その価格は6千ドルだったので、２４００ドルの関税となる。翌月、スタイシェンは、この決定を不服とし、合衆国政府を相手方として、米国関税裁判所に訴訟を提起し、この作品は「彫刻」なので、関税の対象外であると主張して争った。

■裁判

「空間の鳥」は法律上の「彫刻」か？

米国の関税法は、関税がかからない美術品を「絵画、彫刻、彫像、版画」のどれかにあたるものと定めている。「彫刻」が何かについて、法律上の定めはないが、１９１６年の裁判事件における判決は、「人体その他の自然の事物に似せて彫ったもの」と定義していた。アメリカでは、裁判所が判決の理由として示した判断（これを「判例」という）は、法律と同じ効力がある。そこで合衆国政府（被告）は、この判例による定義に基づき、「ブランクーシの作品『空間の鳥』は、鳥というタイトルこそ付けてあるが、鳥には全く似ていないので『彫刻』ではない」と主張した。

ブランクーシ側（原告）は、「この作品は鳥を表しているし、そもそも判例による彫刻の定義は間違っている」と主張し、これを立証するために証人を申請した。

これは鷹だ

ブランクーシの作品が「彫刻」であることを証明するための原告側の証人は、ブランクーシ本人に加え、写真家スタイシェン、彫刻家ジェイコブ・エプシュタイン、美術評論誌の編集者フォーヴズ・ワトソン、文化情報誌の編集者フランク・クロウニンシールド、ブルックリン美術館の館長ウィリアム・ヘンリー・フォックス、美術批評家ヘンリー・マクブライドなどである。「空間の鳥」は彫刻であると証言する彼らに対し、被告側の代理人弁護士は、反対尋問により、この作品が鳥に似ていないことを認めさせようとした。

たとえば、著名なアメリカ人彫刻家エプシュタインに対する反対尋問の一部を再現すると、以下のようになる。

（被告代理人）この作品を見て、どうして鳥だと思うのですか？

（エプシュタイン）私が尊敬している芸術家が作品に「鳥」というタイトルを付けた以上、私はそれを真摯に受け入れて、それを鳥として見るということだ。実際、この作品は鳥らしい要素を持っている。

（被告代理人）どのあたりが鳥らしいのでしょうか？

（エプシュタイン）　輪郭を見ればわかるだろう。ほら、この部分の丸みは鳥の胸のようだ。

（被告代理人）　鳥の胸はだいたい丸みがあるのですか？

（エプシュタイン）　そうだ。

（被告代理人）　それじゃあ、丸みのある銅の塊りは、どれも鳥を表しているのですか？

（エプシュタイン）　いや、そうは言ってはいない。

（裁判官）　私には、ボートの竜骨部分のようにも見えるがね？

（エプシュタイン）　横に倒せばそうかも。

（裁判官）　ちょっと三日月のようにもみえるね？

（エプシュタイン）　なるほど。

（被告代理人）　もしブランクーシがこれを魚と呼んでいたら、証人にとっても魚になるのですか？

（エプシュタイン）　彼が魚と呼んでいたら、私もそう呼んでいる。

（被告代理人）　虎と呼んでいたら、あなたも虎に変える？

（エプシュタイン）　それは違う。

（被告代理人）　証人の30年以上に亘る芸術活動の中で、他にもたくさんの彫刻家や芸術家に会ってきたでしょうね？

（エプシュタイン）　もちろん。

（被告代理人）　彼らの作品を見てきた？

（エプシュタイン）　ああ、そうだ。

（被告代理人）　その中に、この作品のようなものを作っている人はいますかね？

（エプシュタイン）　似たような特徴を備えたものを作る芸術家はいるが、ブランクーシ作品と同じような作品はない。

（被告代理人）　ということは、こういったタイプの芸術に関して、彼一人だけが孤高の道を歩んでいるということですかね？

（エプシュタイン）　それは違う。彼の作品はけっして孤立していない。古代エジプトの彫刻とも結びつきがある。たとえば私が偶々持っている、三千年前の初期エジプトのこの美しい彫刻に通ずるところがある。（といって、エプシュタインは彼が所有するエジプトの彫像を法廷に示した。）

（被告代理人）　それは何ですか？

（エプシュタイン）　これは鷹だ。

（被告代理人）　どこが鷹に見えるのか、裁判官に示してください。

（エプシュタイン）　これは、三千年前の古代エジプトの鷹だ。

（裁判官）　その形は、あなたが鷹と理解しているものにどこか似たところがあるのかね？

（エプシュタイン）　翼と脚がついていないので、鳥類学者はこれを鳥とは見ないだろうが、私には鳥との共通点が見える。

（裁判官）　翼と脚がなくても、あなたには鷹に見えるということ？

（エプシュタイン） そのとおり。

他の証人、美術評論家クロウニンシールドに対しても、被告代理人は、「あなたは、なぜこの作品が鳥だと思うのですか？」と質問した。彼はこれに対し、次のように証言した。

「この作品は、飛翔をイメージし、強さ、可能性、美しさを秘めたスピード感とともに優美さと希望と活力を示しています。鳥がまさにそうであるように。だいたい、たかが作品の題名のことで、こんな議論をする意味があるんでしょうか？」†3。

美術界の動きと裁判所の考慮（裁判所の判断†4）

裁判所はまず、「最近の美術界は、自然物を模倣するのではなく、抽象的な考えを描こうと試みる、いわゆる新しい流派が勢いを増している。これに共感するかどうかはともかく、その存在と美術界への影響力は、裁判所も考慮しなければならない」と述べたうえで、「この作品は、純粋に鑑賞用である点において、伝統的な彫刻作品と変わらない。これを鳥と関連付けるのは難しいかもしれないが、左右対称の美しい輪郭は、鑑賞者を楽しませる装飾的な美しさがある。そして、証拠によれば、これはプロの彫刻家による創作物であり、美術界の権威者たちが彫刻作品であり美術品であると判断している」と述べ、ブランクーシの作品は、関税法上の彫刻にあたると判示した。

結論

1928年11月、裁判所は、原告の言い分を認め、ブランクーシ作品「空間の鳥」は無税で入国できると判示した。

■事件の評価

「アートとは何か」論争における前衛芸術の勝利か？

この事件は、抽象的なイメージの表現を重視する現代美術の作品が法律上の美術品にあたるかどうかが裁判において争われた最初の事件である。本事件の判決が従来の判例法上の伝統的な「彫刻」の定義を変更し、抽象芸術作品も彫刻であると決定した点は、ブランクーシだけではなく、新しい前衛芸術全体の勝利とも評される。しかし、この判決は、「この作品は美しくて鑑賞用である」という担当裁判官の主観的な基準を前提としているので、前衛芸術のすべてにはあてはまらない。たとえば、マルセル・デュシャンの「泉」というタイトルの作品のように、男性用便器に署名を入れただけのものは、おそらく「彫刻」の認定を受けなかっただろう。さらにいえば、彫刻かどうかの判断を下すのは、第一義的には税関の職員である。伝統的な美術品とはかけ離れた個々の物品の評価を美術専門家ではない職員に委ねるのはあまりにも無理がある。この問題は、80年後、次に紹介するビル・ヴィオラとダン・フレイヴィンの作品に関する事件において、露呈している。

■ブランクーシの「空間の鳥」

コンスタンティン・ブランクーシ（1876年-1957年）は、ルーマニア出身の20世紀を代表する彫刻家であり、抽象彫刻の先駆者と呼ばれている。彼は、1904年にパリに出て美術学校で彫刻を学び、オギュースト・ロダンの教えを受けた。ロダンは彼の才能を見抜き、助手にならないかと誘った。ブランクーシは、ロダンの工房で2か月ほど働いた後、「大樹の陰にいては雑草しか育たない。」と言って、彼の元を去った。ブランクーシにとって、近代彫刻の生みの親であるロダンは、どうしても越えなければならない大きな壁だったからだ。

その後、ブランクーシは、モディリアーニらとともに新しい彫刻のあり方を模索した。彼は、自然の事物の外形に捉われず、そこから感じ取った本質的なものを単純な形態に還元する表現方法を追求した。「空間の鳥」は、そうした活動の中から生まれた彼の代表作の一つである。1924年に最初の「鳥」を制作した後、これをシリーズ化し、1940年代までにブロンズ製9点、大理石のもの7点を制作した。この事件の対象となった作品は、現在はシアトル美術館が所蔵している。同じシリーズの作品は、パリのポンピドゥー・センター国立近代美術館《口絵02》、メトロポリタン美術館、ニューヨーク近代美術館、フィラデルフィア美術館、ワシントン国立美術館、ロサンジェルス市立美術館、ベニスのペギー・グッゲンハイム美術館、キャンベラのオーストラリア国立美術館などで観ることができる。

事件03

ビル・ヴィオラ、ダン・フレイヴィンのインスタレーションは美術品か？

ホーンチ・オブ・ベニソン対英国事件［イギリス、EU］

■事件の経緯

ビデオアートとインスタレーション

２００６年、ニューヨークおよびロンドンで画廊を経営していた美術商ホーンチ・オブ・ベニソン社（ホーンチ社）は、その取扱い作品であるビル・ヴィオラ作のビデオアート作品６点（作品１）とダン・フレイヴィン作の光の作品（作品２）を、ホーンチ社のニューヨーク画廊からロンドン画廊に移すためにイギリスに輸入した。作品１はテレビ画面状のスクリーンに彼が撮影した人の顔や動きなどの映像を映し出す形態のビデオアート、作品２は蛍光灯とネオンの棒を組み合わせて光の効果を見せるインスタレーションである。なお、運搬の際は、どちらの作品も、それぞれスクリーン、映写機、配線器具や個々の蛍光灯などのパーツに分解したうえで梱包される。

「美術品」にあたるのか？

当時、美術品をイギリスおよびEUに輸入する際、関税は免除され付加価値の税率は5パーセントだった。ただし、美術品にあたらない場合は関税が課され、付加価値税率は15パーセントに上がる。EUの関税法は、絵画、彫刻、版画のどれかにあたるものが「美術品」であると定めている。ホーンチ社は、作品1、2が「彫刻」であることを前提に、税関に「美術品」の輸入を申告した。ところが、税関の職員は、梱包を解いて作品1、2の各パーツを確認した際、これらはEUの関税法上の「彫刻」にはあたらないと判断して歳入税関庁に報告した。これに基づき、英国歳入税関庁は、作品1の部品は「映像投影機」、作品2は「電灯および照明器具」にあたるので、関税法上の分類としては「電気装置」であると決定し、ホーンチ社に対し、各作品の評価額に基づく関税および15パーセントの付加価値税の支払いを要求した。これらの評価額は、ホーンチ社が美術品の価格として申告したものなので、その税額は市販の映写機や蛍光灯の市場価格よりもはるかに高額になる。

ホーンチ社は、この決定の取消しを求めて、行政不服審査を専門に取り扱う特別な裁判所であるロンドン審判所（London Tribunal Centre）に不服申立てをした。

■裁判

歳入庁の言い分「美術品の輸入とはいえない」

裁判において、英国歳入庁（被告）はまず、「ヴィオラの作品1のようなビデオアート、すなわちビデオ映像を用いたインスタレーション作品が芸術として評価できるのはその映像だけであり、これを映すためのスクリーンや映写用の器材は『彫刻』ではない」と述べ、さらに、「彫刻とは、三次元の空間に表現された、すなわち立体化した美術作品のことを指すので、映像作品自体もまた『彫刻』の定義にはあたらない。よって、EU関税法上の美術品ではない」と主張した。

他方のフレイヴィンの作品2について、被告歳入庁は、そのパーツを組み合わせた完成品が彫刻であるかどうかは争わなかった。しかし、作品1、2は、いずれもパーツに分解した状態で輸入されているので、「入国の段階では市販の蛍光灯やネオン棒に過ぎず、美術品の輸入とはいえない」と主張した。

ホーンチ社の反論と立証「アメリカの税関では『美術品』である」

原告ホーンチ社は、これらの主張を争い、作品は1、2ともアメリカの税関では「美術品」として扱われていることを指摘した。

また、原告側の証人、ロンドン国立肖像画博物館の館長サンディ・ネイリン、美術評論家のロバート・カミングらは、これらは彫刻であるとの見解を述べ、作品1に関して、ヴィオラはインスタレーションとしての効果を最大限に高めるために映写装置をカスタマイズしたり、スクリーンの設置位置を工夫したりしていること、作品2に関し、フレイヴィンは蛍光灯の組み合わせ方の詳細な指示書を出していること、個々の作品に申請証明書を発行していることなどを説明した。また、テート・モダン美術館は、それぞれの作品を法廷で組み立てて、美術館においてどのように展示されるかを審判所に実演して見せた。

ロンドン審判所の決定[†5]は「いずれも彫刻である」

2008年12月、ロンドン審判所は、原告ホーンチ社の言い分を認め、作品1、2はいずれも彫刻であると決定した。作品1に関しては、審判所は、専門家の証言に基づき、「個々の映写装置はヴィオラが選定してアレンジしたものであるから、映像と装置が一体化した三次元の美術作品、すなわち彫刻である」とした。また、「パーツに分解すると美術品ではなくなる」という被告の主張は、「関税法の解釈として馬鹿げている」と述べて斥けた。

EU委員会の決定通知[†6]では「電気装置」

この事件は、EUの関税法の解釈適用に関する争いなので、最終判断はEU委員会が行う。EU委員会は、作品1は、映写装置に多少の修正があるとはいえ、これが「モダンアート」となるのはDVDに記録された映像と音声の部分があるからなので、「彫刻」にはあたらず、また、作品2は、蛍光灯を設置して発光させたときの光の効果が美術作品なのであって、蛍光灯が「彫刻」にあたるわけではないと判断した。

こうして２０１０年８月、ＥＵ委員会は、ＥＵ関税法に関するロンドン審判所の判断をくつがえし、ヴィオラの作品１とフレイヴィンの作品２は、当初の英国歳入庁の決定どおり、いずれも「電気装置」であると決定したのである。

■事件の評価

法律上の「彫刻」、「美術品」は実社会のそれとは意味が異なる？

すでに紹介した１９２７年の【事件02】（ブランクーシ対合衆国事件）において、アメリカの裁判所は前衛芸術作品を「彫刻」と認めた。しかし、それから80年後の本事件において、ＥＵ委員会は、ビデオ映像や蛍光灯の光を用いた芸術作品に関して真逆の決定をしている。ＥＵ委員会の決定は本事件に限ったものだが、ＥＵ関税法の解釈に関する判断は、判例法と同様にその後の同種事件において参照され、ＥＵ各国の税関実務に影響を与える。ただし、ＥＵ委員会は、ヴィオラやフレイヴィンの作品が美術作品であることを否定したわけではない。これらが美術作品として評価されているかどうかはともかく、あくまで関税法の解釈上、すなわち「通関の実務上は、関税免除の扱いをしない」ことを決めたのである。このよう税関の職員が輸入品の分類を簡便かつ速やかに行えるようにするための政策的な判断である。

に、個々の法律が定めている「彫刻」、「美術品」という語は、法の目的に応じて、本来の意味とは異なる意味に定義され、または解釈されることがある。

■ダン・フレイヴィン、ビル・ヴィオラと彼らの作品

ダン・フレイヴィン（1933年－1996年）は、アメリカのミニマリズムの美術家（ミニマリスト）の一人である。ミニマリズムとは、1960年代にアメリカで流行した芸術運動で、幾何学的に単純化された外観の平面作品や立体作品により、近代美術の究極形態を示そうとするものである。煉瓦や金属板を積み重ねた作品のカール・アンドレ、金属や工業素材製の箱を垂直に並べるドナルド・ジャッド、一定の法則に従ったウォール・ドローイングを制作するソル・ルウィットなどが代表的なミニマリストである。フレイヴィンは、市販の普通の蛍光灯、色付きの蛍光灯やネオン管を組み合わせ、薄暗い展示室の一角に配置することにより光が持つ神秘性を表現しようとした。ミニマリストの多くは、単調な作品に飽きるのか、時期に応じてその作風、素材、形態、様式などを変えているが、フレイヴィンだけは、蛍光灯の組み合わせ方などを模索しながら、ほぼ一貫して光の効果を狙った作品を作り続けている。

作品2のタイトルは、「垂直および中心に置かれた六つの冷たい白色、温かい白色の蛍光灯（1973年）」だが、彼の作品の多くは「無題（untitled）」である。彼の作品は、ニューヨークのグッゲンハイム美術館、ロンドンのテート・モダン美術館をはじめ、各国の現代美術館が所蔵している。日本では、千

葉のＤＩＣ川村記念美術館に1点ある。

ビル・ヴィオラ（1951年‐）は、ナム・ジュン・パイク（1932年‐2006年）とともに、ビデオアートの先駆者と呼ばれるアメリカのアーティストである。ビデオアートは、ビデオを使い、画廊や美術館に設置したテレビ画面で見る方式の作品を意味する。ヴィオラは、ナム・ジュン・パイクの作品を見て、ビデオ映像を利用すれば、絵画、彫刻などによって表現される人間の感情や心の動きがよりわかりやすく的確に表現できることに気づき、1970年代から、絵の具とカンヴァスの代わりにビデオ映像とスクリーンを使った作品を作り始めた。その後、日本の禅仏教等の精神文化の影響を受け、1990年代以降は、映像スクリーンと音声を組み合わせて、生と死をテーマに人間の経験と感情を劇的に体感させるインスタレーションを生み出している。作品1のうちの一つである「キャサリンの夢」（2002年）は、夢見心地の女性の顔を白黒のビデオ映像で大写しにした、動く肖像画のような作品である。

彼の作品も、グッゲンハイム美術館、テート・モダン美術館、ゲッティ美術館その他の多くの美術館にある。日本では、東京国立近代美術館が所蔵し、時折展示している。

ヴィオラやフレイヴィンの作品が「彫刻」なのかどうかはともかく、今世紀の美術界を席巻するデジタルアートは彼らを経由して生まれたこと、すなわち二人が美術史に大きな足跡を残した重要な美術家であることは、誰も否定できない。

事件04

スターウォーズ、ストームトルーパーのヘルメットは彫刻か？

ルーカスフィルム対エインズワース事件［イギリス］

■事件の経緯

ストームトルーパーのヘルメットの制作

アンドリュー・エインズワースは、英国のロンドン郊外ツウィッケンハムに居宅と事務所を構えるプラスチック真空成型デザイナーである。真空成型は、プラスチック版に熱を加えて真空ポンプで金型に密着させる方法の成型で、日用雑貨、玩具、電気部品、自動車部品など様々な材料に使われる。

1976年1月、彼は、隣りに住んでいるフリーランスの小道具デザイナー、ニック・ペンバートンから、SF映画の小道具となる兵士のヘルメット制作の依頼を受け、二枚のイラストとヘルメットの粘土模型を渡された。イラストには、顔全体を覆うヘルメットを被った兵士たちが戦う場面が描かれていた。エインズワースは、イラストと粘土模型を参考にプラスチック製ヘルメットの試作品を制作したうえ、ペンバートンの意見を取り入れながらこれを完成させた。翌月、ペンバートンは最終承認した完成品50個を映画の小道具用に注文し、エインズワースはこれを製造して1個当たり20ポンドで納入した。彼は、同じイラストに基づき、プラスチック製の兵士の鎧も制作して3月に納入した。

映画スターウォーズの完成

エインズワースが納品したヘルメットは、スターウォーズの第一作「エピソード4新しい希望」を制作していたジョージ・ルーカス監督が、帝国軍の兵士ストームトルーパーが着用するためにペンバートンに制作を依頼したものだった。

1977年に完成し公開されたスターウォーズは、全世界で映画史を塗り替える大成功を収めた。映画完成後、ペンバートンはエインズワースに事前に交付した二枚のイラストの返還を要求したが、ヘルメットの制作に用いたそれ以外の作図、イラストや金型その他の工具は、その後もエインズワースが保有している。

複製品の制作販売

2004年、エインズワースは、彼が経営する会社のウェブサイトを立ち上げ、ストームトルーパーのヘルメットや鎧の複製品の販売を始めた。ウェブサイトでは、映画で用いられたヘルメットの制作に用いた金型を使った複製品を販売することを宣伝した。ヘルメットの米国内での売上げは、8千米ドル（以下、「ドル」と表記する場合は米ドルをいう）から3万ドルほどだった。

■アメリカの裁判

スターウォーズに関する著作権を所有・管理するルーカスフィルム社（原告）は、このことを知り、2005年、エインズワースおよび彼が経営する会社（被告ら）に対してこのヘルメットの著作権侵害による損害賠償を請求して、合衆国（カリフォルニア中部地区）連邦地方裁判所に訴訟を提起した。

被告エインズワースらはイギリスに本拠があるので、この裁判所には出頭しなかった。その結果、2006年、アメリカの裁判所は、被告らからの弁明、反論がないまま、被告らに対し、著作権侵害による賠償金50万ドル、商標権侵害による賠償金50万ドルおよび懲罰的賠償金100万ドルを支払えとの欠席判決を下した[*7]。ただし、被告らはアメリカには資産を有していないので、原告は、判決を執行して賠償金の支払いを受けることはできなかった。

そこで、原告ルーカスフィルム社は、イギリスの裁判所に訴訟を提起し、①イギリスにおける著作権侵害による損害賠償と②アメリカの判決のイギリスにおける執行を求めた。さらに、②が認められなかった場合に備えて、③アメリカにおける著作権侵害による損害賠償金の支払いを被告らに命ずるように求めた。

■イギリスの裁判

ヘルメットは「彫刻」ではない（第一審と控訴審の判断）†8

裁判では、①イギリスの著作権法上、ストームトルーパーのヘルメットは著作物にあたるかどうか、②アメリカの裁判所の判決がイギリスで執行できるかどうか、③イギリスの裁判所は、アメリカの著作権侵害に関する判断をすることができるかどうかの3点が争われた。

第一審の裁判所（高等法院）および控訴裁判所は、「このヘルメットは、イギリスの著作権法上、著作物にはあたらない」として、①の請求を斥けた。また、②については、「アメリカに本拠を持っていない被告らは、元々アメリカで裁判を受ける義務を負っていなかったので、被告が欠席のまま下された米国裁判所の判決はイギリスでは執行できない」と判示した。③の請求も、控訴裁判所は、「アメリカの著作権法に関する問題はアメリカ裁判所の専権事項であり、イギリスの裁判所には判断できない」と述べて認めなかった。

原告ルーカスフィルム社は、①および③の判決に対して最高裁判所に上告した。②に関する判決は確定した。

最高裁判所は「映画の小道具は『美術品』ではない」と判断†9

最高裁判所は、①の争点に関し控訴裁判所の見解を支持し、原告ルーカスフィルム社の請求を認めなかった。理由は以下のとおりである。

イギリスの著作権法上、著作権の対象となる著作物は、「絵画、版画、彫刻」など、法律が定めている美術品に限定されている。「彫刻」は、芸術家が三次元の空間に制作する美術品を指すが、立体化されている作品すべてが彫刻と呼ばれるわけではない。過去の裁判事件でも、玩具や実用品は彫刻にあたらないと判示した裁判例が数件あった。そこで、最高裁判所は、それらの裁判例を分析したうえ、「三次元空間に制作された製品が彫刻であるためには、そのものが、芸術家の手によって芸術的な目的で制作されていることが必要である」との基準を示した。そして、「ストームトルーパーのヘルメットは、戦争映画に出演する兵士が被るヘルメットと同様、SF映画、スターウォーズを制作するための小道具という実用品であったのだから、彫刻ではない」と判示した。

他方、争点②に関しては、裁判所は、関連する裁判例を分析のうえ、控訴審の判断をくつがえし、「イギリスの裁判所は米国の著作権侵害に関する判断をすることができる」と述べた。この結果、被告がアメリカの著作権を侵害したかどうか、およびその損害額について、控訴裁判所において再び審理されることになった。

結論（和解の成立）

2012年、ルーカスフィルム社からスターウォーズに関する権利を買い取ったディズニー社は、本事件について、エインズワースと和解することに同意した。ディズニー社は、9万ポンドの和解金と引換えに、エインズワースおよび彼の会社がイギリスでストームトルーパーのヘルメットの複製品を製造販売することを認めたのである。

■事件の評価

法律によって美術品の意味が異なるという不思議

すでに紹介した【事件02】（ブランクーシ対合衆国事件）や【事件03】（ホーンチ・オブ・ベニソン対英国事件）では、抽象美術品やインスタレーションのように、伝統的な美術品とは外観が異なる作品が、関税法上の美術品（彫刻）にあたるかどうかが争われたのに対し、この事件の裁判では、一見すると美術品に見えないものが著作権法上の美術品（彫刻）にあたるかどうかという問題が争われた。法律の文言はどちらも「美術品」なので同じ問題のように思う方もいるかもしれないが、関税法と著作権法は、法の目的が異なるので、その対象となる美術品の意味にも違いが生ずる。

本事件の裁判所は、それが著作権法上の美術品かどうかは、その制作者の目的によって区別するとの基準を示した。高等法院の裁判官は、「煉瓦を積んだ山がテート・モダン美術館に2週間展示されていたらそれは明らかに彫刻だが、同じ煉瓦の山が道路工事のために道路のわきに2週間置かれていたらそれは明らかに彫刻ではない」との例を用いてこのことを表現している。これは、テート・モダン美術館に実際に展示されているミニマリスト、カール・アンドレの作品「等価物Ⅷ（Equivalent VIII）」（120個の煉瓦を規則正しく積み上げた作品）を念頭に置いた例である。この判決により、イギリスの裁判所に現代アートの著作権を認めてもらうためには、アーティストの制作目的を立証すべきことが明らかになった。

なお、この基準はイギリスの裁判所がイギリスの著作権法上の美術品かどうかを判断するためのものであり、アメリカや日本はこれと同じではない。アメリカの裁判所は、実用に役立つ機能に資することだけを目的とした形態の作品を美術品から除外する。この基準によれば、ストームトルーパーのヘルメットは、おそらくアメリカ著作権法の保護対象である美術品に含まれることになるだろう。日本の著作権法は、作品が美的鑑賞の対象であるかどうかを基準にしているので、このヘルメットは日本でも美術の範囲に属すると思われる。このように、イギリス著作権法により保護される美術品は、アメリカや日本のそれよりも範囲が狭い。

■ストームトルーパーを生んだアーティストたち

ストームトルーパーは、スターウォーズの映画に登場する中で最も重要なキャラクターの一つである。兵士の顔を覆いつくす白いヘルメットは、鎧のようなコスチュームと相まって、帝国軍の無機質で不気味なイメージを作り上げている。

このストームトルーパーは、ジョージ・ルーカス監督が四人のアーティストとともに生み出したものである。一人目は、イラストレーターのラルフ・マッカリー（１９２９年‐２０１３年）で、彼は、ルーカス監督のアイデアに従って、ハンソロ、ルーク、チューバッカが帝国軍のストームトルーパーたちと対峙する場面のイラストを作画した。二人目、フリーランスの小道具デザイナーのニック・ペンバートンは、ルーカス監督の依頼を受けて、マッカリーのイラストを立体化したヘルメットの粘土模型を作り上げた。三人目は、本事件の裁判における被告、アンドリュー・エインズワースで、マッカリーのイラストとペンバートンの粘土模型を参考に実際に映画で使用する小道具を制作した。最後の一人は、イギリス人のコスチューム・デザイナーのジョン・モロー（1931年－2017年）で、エインズワースに対してストームトルーパーの衣装との整合性に基づく修正を指示してヘルメットと鎧を完成に導いた。この五人のうちの誰かが欠けていたら、あの形態のストームトルーパーは生まれていなかった。そして、実際に映画に用いられる小道具を制作したエインズワースの貢献が大きかったことは間違いない。

エインズワースは、スターウォーズ（1977年公開）を皮切りに、スーパーマン（1978年）、エイリアン（1979年）、フラッシュゴードン（1980年）、アウトランド（1981年）などの小道具も担当し、造形アーティストとして活躍した。しかし、1980年代に入ると、映画のリアリティを演出するための小道具はコンピュータを用いた3Dプリント、ロボット加工（アニマトロニクス）やCGIが行うようになり、伝統的な方法で制作する小道具はその役割を終えた。エインズワースの会社も小道具製造事業から撤退し、スポーツ用具の製造等にシフトした。

現在、エインズワースが用いてきたような手法による小道具は映画に使われないので、彼が過去に制作した小道具類は、映画史に残すべき貴重な文化財である。

本事件の裁判で、エインズワースの代理人弁護士は、「ストームトルーパーのヘルメットは著作物ではない」との主張を展開して勝利を勝ち取った。しかし、エインズワース本人は、その代表作が美術品であることを否定する裁判所の判決をどのような思いで受け取ったのだろうか。

II

アート犯罪

アートには経済的な価値があり、財産として所有され取引されるので、他の財物と同様に財産犯罪の目的になる。

特に、アートはその経済的価値や、原作品と複製品の違いがわかりにくいので、国境を越えた犯罪にも利用されやすい。しかもアートの取引は秘密裡に行うことができるので、犯罪絡みで入手した資金の洗浄（マネーロンダリング）にも利用される。

アート犯罪のうち、アートの誕生とほぼ同時に生まれて今日も横行しているのは、美術品の贋作詐欺、窃盗および盗品取引の罪の三つである。

ここでは、【事件05】、【事件06】、【事件07】において、これら三つの伝統的な犯罪に関する代表的な事件を一件ずつ挙げておく。続く【事件08】では、ナチス略奪美術品のアメリカへの持込みが犯罪にあたるかどうかが争われたアメリカの刑事事件を紹介する。

事件05

フェルメール贋作の売渡しは犯罪にあたるのか？

フェルメール贋作事件［オランダ］

■事件の経緯

ゲーリングの美術品コレクション

1945年5月、第一次世界大戦終結後、米軍は、オーストリアの岩塩坑から大量の美術品を発見した。その中には、フェルメールの作品と思われる「キリストと悔恨の女」もあった。これはナチスの国家元帥ヘルマン・ゲーリングが隠したものだった。ヒトラーの右腕といわれたゲーリングは、狂信的な美術品収集家として知られ、ナチスがヨーロッパ各国のユダヤ人から奪った美術品の一部を彼個人のコレクションにしていた。当時、合衆国政府は、米軍に対し、ナチスが他国から奪った財産を取り戻し、それぞれの国の政府に引き渡すようにとの指令を出していた。米軍は、この指令に基づいて、岩塩抗内のすべての美術品を押収し、その元の所有者が誰かについてゲーリングのエージェントをしていた画商を尋問した。その結果、「キリストと悔恨の女」については、オランダのハン・ファン・メーヘレンという男を通して購入したものであることがわかり、米軍はこの作品をオランダ政府に引き渡した。

メーヘレンの逮捕

１９４５年5月29日、メーヘレンは、オランダの至宝であるフェルメール作品をナチスに協力してゲーリングに売り渡した疑いにより、オランダ警察に逮捕された。警察の取調官は、彼の行為は国家反逆罪にあたりその最高刑は死刑であることを告げ、その入手経路を問い質した。これに対し、メーヘレンは、これを描いたのは、フェルメールではなくなんと彼自身だと告白したのである。当初、取調官は、これを信じなかった。この絵が他の著名なフェルメール作品、たとえば、ロッテルダムのボイマンス・ヴァン・ベーニンゲン美術館にある「エマオの食事」《口絵03》と同じ画家による作品であることは、すでに美術品鑑定士に確認してあったからだ。しかし、メーヘレンは、ボイマンス美術館の「エマオの食事」、アムステルダム国立美術館の「キリストの足を洗う」、個人コレクターが所蔵している「最後の晩餐」その他、世に知られている数点のフェルメール作品は彼の手による贋作だと言い出し、どのようにしてこれらの贋作を描いたのかを説明した。たとえば、カンヴァスを古く見せるため、17世紀頃の無名画家の絵を購入し、絵の具を削り落としたものを使用したことなどである。たしかに、「キリストと悔恨の女」からはそのような痕跡が見つかった。しかし、美術専門家たちは、「エマオの晩餐」などの他の作品が真作であることに関しては意見を変えようとしなかった。

新しい贋作

数か月に亘る取調べの後、オランダ検察庁は、メーヘレンの告白の真偽を判断するため、彼に新しい贋作を描かせることにし、彼が指定した顔料と画材を用意し、検察庁内の事務室を彼のためのアトリエに提供した。

1945年12月、メーヘレンは、証人および鑑定人の面前で、フェルメール風の新しい作品「寺院で説教をする若いキリスト」を描き上げた。

この作品が完成した後、検察庁はメーヘレンを国家反逆罪で起訴することを取りやめ、その代わり、詐欺罪で起訴することにし、彼は1946年2月に保釈された。

■裁判

真正の立証とは?

刑事裁判の審理は、1947年10月、アムステルダム地方裁判所で行われた。検察官は、メーヘレンが贋作を作成し、これをフェルメールの真作と偽って売却した行為は、署名偽造および詐欺の罪にあたるとして、禁錮2年を求刑した。

これを立証するためには、メーヘレンが売却した作品が彼による偽造であることについて、本人の自白以外の証拠が必要となる。このため、裁判所は、オランダ、ベルギー、イギリスのキュレーターや美術史研究者らにより構成される専門家グループに、メーヘレンが描いたと主張する8点のフェルメール風絵画は本当に彼の作品なのかどうかについて鑑定を依頼した。この専門家グループの代表を務めたのは、ベルギー王立美術館の化学分析室長、ポール・コールマン博士である。コールマン博士は、これらの作品に用いられメーヘレンのアトリエからも発見されたフェノール樹脂は20世紀に製造された化学物質であること、表面のひび割れの付き方に不自然な点があること、ひび割れの中の埃が均質過ぎることなどを指摘し、「『キリストと悔恨の女』を含む8点の絵画はメーヘレンによる贋作である。」との意見を述べた。

結論

1947年11月、裁判所は、メーヘレンを有罪と認め、禁錮1年の実刑を言い渡した。しかし、彼は刑期が始まる前にアルコールと麻薬中毒による心臓発作でこの世を去った。

■事件の評価とその後

美術品の真贋の判定はいかに難しいか

贋作美術品は市中に氾濫している。美術商の間では、現に個人コレクターが所蔵する美術品のうち、正式な鑑定を受けていないものの大半は贋作の疑いありと見られているほどである。しかし、実際上、ある芸術家の作品として市場に流通している美術品が、本当にその作者の手によるものかどうかは、たとえ美術の専門家であっても簡単には判断できない。

本事件は、美術品の真贋の判定がいかに難しいかを最もよく示す実例である。フェルメール研究の第一人者である美術専門家たち、権威のある国立美術館、一流の画商、名だたる美術品収集家たちがすべてメーヘレンの贋作に騙され、彼が真相を語った後も、専門家の間では真贋をめぐる論争が続いていた。

彼の有罪が確定した後でさえも、ブラッセルの美術専門家でかつ修復家であるジャン・デコーエンは、1951年に刊行した彼の著書において、「裁判で贋作と認定された作品のうち、『エマオの食事』と『最後の晩餐』の2点はフェルメール作品であり、再調査が必要である。」と主張した。「最後の晩餐」を購入して所蔵していたのは、美術品収集家のダニエル・ベーニンゲンである。ベーニンゲン氏はこの本を読み、コールマン博士が裁判所において間違った鑑定意見を述べたことにより、彼が所蔵するフェルメール作「最後の晩餐」の価値が損なわれたと主張し、コールマン博士に対して50万ポンドの損害賠償を求める訴訟をブラッセルの裁判所に提起した。しかし、1958年、裁判所は、「最後の晩餐」はコールマン博士が鑑定したとおりメーヘレンによる贋作であると認定し、ベーニンゲン氏の請求を棄却した。作品のX線検査の結果、この絵の下に17世紀における別の作家の絵が描かれていたことが判明し、しかも、メーヘレンにその絵を売ったという画商が証人として証言したためである。

また、1961年、ピッツバーグのカーネギーメロン大学における美術資料研究所は、メーヘレンが贋作と主張する数点の作品の再検証を行い、それらが20世紀以降にしか存在しない成分の顔料等を使用していることを確認している。これにより、メーヘレンをめぐる真贋論争はひとまず決着した。

■贋作者メーヘレンとその作品

ハン・ファン・メーヘレン（1889年－1947年）は、1930年代中頃から贋作を自白するまでの約10年の間に10点のフェルメール風の作品を描き、このうち7点をフェルメール作品として売却した。買い手には、市中の個人収集家だけではなく、ハーグの一流画廊、ロッテルダムのボイマンス美術館、オランダ政府、ヘルマン・ゲーリングなども含まれている。彼の贋作詐欺がこれほどまで成功したのにはいくつかの理由がある。第一は、贋作の対象としてフェルメールを選んだことだ。フェルメールは、生前はデルフトで名の知れた画家だったが、死後はほぼ忘れられ、20世紀に入ってからようやく再評価が始まった。このため、彼が描いたことが確認されている作品は30数点に過ぎず、専門家は、これから発見されるものもあると期待していた。その作風や特徴の研究もそれほど進んでいない。第二は、他のフェルメール作品とはあえて異なる画風を選んだことである。これまでわかっているフェルメール作品には、キリスト教や神話をモチーフにした1650年代前半のものと、1650年代後半以降の風俗画や肖像画とがあるが、この中間期の作品はない。そこで、美術史学者は、彼がどのようにして宗教画家から風俗画家に移行したのかを示す作品もそのうち見つかるはずと考えていた。メーヘレンは、宗教画のモチーフで風俗画のような人物を描くことにより、専門家の期待に応え、彼らを信じ込ませることに成功した。第三は、彼がフェルメールや同じ時代の画家たち、その画風、作画技法、顔料などを深く研究し、豊富な知識を持っていたこと、第四は、彼はその知識を存分に生かせる技巧を持つ優れた画家だったこと、そして、第五に、彼は美術の専門家たちを騙すことに執念を燃やしていたことである。

メーヘレンは、ハーグの美術学校で学んでいた20代の頃から卓越した技能を示し、その作品は、デルフト工科大学が5年に一度行う美術アワードにおいて、金賞（最優秀作品賞）を獲得するなどした。30代の頃には、17世紀オランダの巨匠たちの技法をマスターし、肖像画家としての才能が認められ、売れっ子の画家になった。しかし、彼の名が世に知られ出した頃から、オランダの美術評論家たちは彼の作風に対して批判を始めるようになる。１９２０年代のヨーロッパ美術界の主流は、キュビスム、抽象画、ダダイズム、そしてシュールリアリズムであり、彼のように古典絵画の巨匠たちの作風を模した作品は、完全に時代遅れだった。多くの批評家は、メーヘレンの才能は認めながら、「ルネサンス学派のコピーの達人」、「オリジナリティ以外のすべての才能を備えた画家」などと評した。メーヘレンは美術評論誌を自ら発行して反論を発表したが、誰も相手にしなかった。結局、彼は徐々に評判を失い、美術界から忘れられ、作品も売れなくなった。そうしてメーヘレンは、画家としての生命を彼から奪った美術評論家や専門家たちにひと泡吹かせて彼の実力を認めさせるため、巨匠の作品の贋作を描くことを思いついたのである。彼は、１９３０年代の初め頃から、練習のためにフランク・ハルス、デ・ホーホ、ボッシュ、フェルメールなどの作品を描いては知人に頼んで評論家らに見せて、その反応を確かめながら研究を続けた。そして、30年代中旬以降、満を持してフェルメールに焦点を絞り、その贋作を市場に流し始めた。結局、彼の計画は大成功した。彼の贋作は「新たなフェルメール作品の発見」として世間を賑わせた後、この事件によって美術界の大物たちに大恥をかかせることができた。

ところで、メーヘレンは、本当にオリジナリティを欠いた画家なのだろうか。少なくとも世に出ている彼の「贋作」は既存のフェルメール作品のコピーではない。構図と表現は彼独自の着想であるうえ、作風も実はフェルメールとは少し異なり、どれを見てもメーヘレンらしさがよく表れている。少なくとも、現在の著作権法上の観点からは、これらがオリジナリティのある画家の創作であることは誰にも否定できないだろう。メーヘレンはただの複製画家ではなかったということだ。

ボイマンス美術館は、今でもメーヘレン作「エマオの食事」《口絵03》を常設展示している。巨匠の名作が多いボイマンス美術館の所蔵品の中で、この作品の人気は特に高い。

事件06

身代金目的の絵画泥棒？

ゴヤ「ウェリントン公爵」盗難事件［イギリス］

■事件の経緯

ロンドン・ナショナル・ギャラリーによる購入

絵画「ウェリントン公爵」は、1812年から1814年にかけて、スペインの宮廷画家フランシス・デ・ゴヤがナポレオン戦争の英雄であるウェリントン公爵のために描いた肖像画である。しかし、これを贈られた公爵はあまり気に入っていなかったようで、早々に義理の妹に譲り渡した。その後、この作品は彼女の嫁ぎ先であるリーズ公爵家が所有することになった。1961年、リーズ家はこれを手放すことにし、オークションにより、ニューヨークの美術品収集家、ライツマン氏が14万ポンドで落札、購入した。当初、ライツマン氏はこの絵を米国に持ち帰ろうとしたが、イギリス史を飾る英雄を描いた肖像画が国外に持ち去られてしまうことについて、多くのイギリス国民から抗議の声が上がった。そこで、ライツマン氏は、ロンドン・ナショナル・ギャラリーに対し、落札額と同じ金額で売却してもよいと申し入れた。ナショナル・ギャラリーにはそのような資金的余裕はなかったが、慈善団体からの寄付金と国の特別補助金により何とか買い取ることができた。こうして、ゴヤ作「ウェリントン公爵」はナショナル・ギャラリーの所蔵品に加わった。

肖像画の「誘拐」

ナショナル・ギャラリーは、1961年8月3日からこの作品の展示公開を始めたが、この絵は、他の多くの絵画作品と同様に、特別なケースに入れず、額縁のままの状態で展示室の壁に掛けられていた。ところが、8月22日の朝、「ウェリントン公爵」は額縁ごと壁から外されて紛失していた。何者かが前夜の閉館時間前にギャラリーのトイレに潜み、この作品を取り外したうえトイレの窓から持ち去ったようだった。この盗難事件はイギリスのマスコミを賑わす大騒動になった。

その10日後、ロイター通信社は、以下のような内容の匿名の手紙を受け取った。

この事件は、慈善活動よりも芸術が好きな方々に少しばかりのお金を出してもらうためにやってみたことで、この絵を売り払うつもりは毛頭ない。14万ポンドの身代金を慈善団体に寄付して頂きたいだけである。寄付さえ実行されたら、人質の速やかな解放を約束する。すなわち、絵画は返却する。……

この手紙には、この作品を実際に手にした者しか知り得ないような細かい特徴も記されていたので、間違いなく犯人からのメッセージと判断された。その後も別の新聞社に犯人からと思われる匿名の手紙が何度か送られてきたが、事件は解決に向かわなかった。1963年の手紙には、「警察は、干し草の山の中から針を探している（イギリスのことわざで無駄骨を折っているという意味）が、干し草がある場所も見当違いをしている。」と記されていた。

犯人による返却と自首

1965年3月16日の手紙には、「ウェリントン公爵」を返却する条件として、ナショナル・ギャラリーに戻す前に、入場料5シリングの特別展を1か月間開催し、その売上げを慈善団体に寄付することを提案し、その2週間後の手紙で、寄附金は3万ポンドを最低額とするようにとの条件が付加された。それから2か月が過ぎたとき、「バーミンガムのニューストリート駅の手荷物預かり所にこの絵を預けた。」との匿名の手紙が届いた。絵画は、手紙に記載されたとおりの場所で見つかったが、額縁から外された状態になっており、額縁は見当たらなかった。絵画を取り戻したナショナル・ギャラリーは、犯人からの手紙に記されていた要求の実行をすべて拒絶した。

1965年7月、ケンプトン・バントンと名乗る男がロンドン警察（スコットランド・ヤード）に出頭し、「ウェリントン公爵」誘拐事件は自分の犯行であると告白した。男は、ニューキャッスルに居住する61歳の年金生活者であり、タクシー運転手の仕事を3年前の交通事故で失っていた。

■裁判

罪名は絵画「ウェリントン公爵」の窃盗罪とその額縁の窃盗罪

1965年11月、ケンプトン・バントンは、窃盗犯として訴追され、ロンドン刑事裁判所において裁判にかけられた。当時のイギリスの刑事法（Larceny Act 1916）は、「物品の所有者の同意を得ずに、その物品を所有者から恒久的に奪う意図のもとにこれを持ち去った者」は窃盗罪により処罰されると規定している。この法律に基づき、彼の罪名は「ウェリントン公爵」の絵画の窃盗罪およびその額縁の窃盗罪ということだった。

犯人側の言い分

バントンは、「無罪」の答弁をして争った。彼の言い分はこうである。法律は「物品を所有者から恒久的に奪う意図のもとにこれを持ち去った者」を窃盗犯としている。しかし、バントンがこの作品を持ち去った唯一の目的は、「社会から疎外された老人や貧困者がテレビの受信料を払えるようにするための慈善団体を設立すること」であり、その所有者である国から恒久的に奪う意図は持っていなかった。すなわち、「慈善団体への寄付があるまで一時的にこの作品を取り上げて、寄附金が集まればこれを返却する意図だったので、窃盗犯にはあたらない」という主張である。

バントンの弁護人は、陪審員に対し、「かつての刑事法は他人の車に乗って車を持ち去る行為を窃盗罪の対象に含めていなかった。そのことがわかったときに刑事法が改正された。現行の刑事法は、美術館にある絵画などを一時的に取り上げる行為を窃盗罪の対象に含めていない。そのことは今わかったのだから、これは今後の刑事法改正の問題であり、被告人を処罰することはできない」と諭旨した。

結論（陪審の評決）

陪審は、バントンの言い分を認め、絵画「ウェリントン公爵」の窃盗については無罪と評決した。ただし、額縁の窃盗犯として彼に3か月の拘禁刑を言い渡した。バントンが「額縁は当時住んでいた借家の階段下の戸棚に入れた。」と述べていること、額縁の返却をしなかったことなどから、額縁に関しては「所有者から恒久的に奪う意図」があったと判断したのである。

■事件の影響

新しい刑事犯罪を定める法律が生まれるきっかけとなった

日本、イギリスその他の民主主義国では、「人を犯罪者として処罰するには、あらかじめ罪にあたる行為とそれに対する罰を明確に法律に定めておかなければならない」ことを大原則としている（罪刑法定主義という）。本事件の被告人バントンは、「慈善団体への寄付をすれば絵画を返却する」と当初から公表していたので、当時の法律が定めていた窃盗罪の要件である「恒久的に奪う意図」がなかったと判断されて無罪となった。

1968年、窃盗罪に関する従来の法律の改正法として制定された盗犯防止法には、この事件の判決を反映した新しい刑事犯罪の規定が設けられた。すなわち、盗犯防止法11条により、「建造物の内装または建造物内の展示品を鑑賞するために公衆が立ち入ることができる建造物から、正当な権限なく展示品または展示のための収蔵品を取り去る行為」は犯罪行為として処罰されることになったのである[†1]。この結果、現在の法律では、美術館や博物館の収蔵品を持ち去る行為は、たとえ「身代金」をとるために一時的に「誘拐」する意図だったとしても窃盗犯と同じ犯罪になる。ただし、売却その他商業目的で展示されている美術品や教会内の宗教画などのように鑑賞することが目的ではない建物内にある美術品についてはこの犯罪の対象から除かれている。

■ゴヤ「ウェリントン公爵」

「ウェリントン公爵」は、行方不明中だった1962年に公開された映画「007ドクター・ノオ」の中にドクター・ノオの隠れ家を飾るコレクションとして登場し、また、2020年には、この史実を題材に「ゴヤの名画と優しい泥棒」という映画が作られたことにより世に知られている。しかし、ロンドン・ナショナル・ギャラリーが所蔵する数ある名品の中では、この作品は比較的地味な小品に過ぎない。肖像画としても、真っ暗な背景の中に虚ろな表情の初老男を描いたもので、軍服に立派な勲章を着けてはいるものの、たとえば、フランスの画家ダヴィッドが描いた「騎馬上のナポレオン」（ルーヴル美術館蔵）のような華やかさや勇ましさは微塵もない。ウェリントン公爵自身、この絵をあまり気に入っていなかったようだ。そのような絵がどうしてイギリスの至宝なのかを理解するには、ウェリントン公爵がどのような人物か、ゴヤはどのような画家なのか、およびこの肖像画がどのような背景で描かれたのかを知っておく必要がある。

初代ウェリントン公爵アーサー・ウェズリー（１７６９年－１８５２年）は、１８１０年代にイギリス軍を率いてスペイン独立戦争で活躍したイギリスの国民的英雄である。１８１５年のワーテルローの戦いではナポレオン軍を打ち負かし、ナポレオン戦争の終結に貢献した。退役後は政治家として活躍し、英国の首相を二度も務めている。彼はイギリスにおける歴史物の芝居や映画に度々登場し、ゴヤ以外にも多くの著名画家が肖像画を描いている。

フランシス・デ・ゴヤ（１７４６年－１８２８年）は、18世紀後半からスペイン国王に仕えた宮廷画家である。彼の作品の中では肖像画が特に有名だが、先人たちとは異なり、王族、貴族その他依頼主の偉大さや美しさだけを強調せず、その内面の醜さ、強欲さ、野心や憂いなどを含む人物の本質を容赦なく描くことに終始した。その画風の新しさが次世代のフランスの画家たちに賞賛され近代絵画の祖とも言われている。

さて、19世紀初頭、スペインはナポレオンのフランス軍に征服されたが、ゴヤはフランスからもその才能が評価され、王宮に留まった。しかし、内心では、ナポレオンに対抗するスペイン国民軍を応援し、ナポレオン軍に抵抗するマドリッド市民を描いた「1808年5月3日」(プラド美術館蔵)や「戦争の惨禍」を描いた連作版画などを密かに制作していた。こうした中、アーサー・ウェズリー将軍が率いるイギリス軍は、ナポレオンの支配から脱しようとするスペイン市民を支援するためにスペインに進撃し、1812年の8月、サラマンカの戦いでフランス軍を撃退してマドリッドに入軍した。その後、マドリッドはフランス軍に奪還されたが、さらなる戦いを重ねてフランス軍を再び撃破し、これを取り戻した。1814年、ウェズリー将軍は皇帝ナポレオンを退位に追い込んだ功績からウェリントン公爵に叙せられた。

ゴヤは、ウェズリー将軍が最初にマドリッド入りした直後の1812年8月にウェズリー将軍の肖像画を描き始め、彼がウェリントン公爵に叙せられた1814年、爵位を示す十字の帯と留め金を描き込んでこれを完成させた。この時期のウェリントン公爵は、勝利の喜びがあったとはいえ、連戦に次ぐ連戦に疲れ果てていたに違いない。ゴヤは、戦争に対する彼自身の思いも込めて、無表情に平静を装うウェリントン公爵の本心を肖像画の中に描き込んだのである。この点において、この絵は、ゴヤにしか描けない、まさに新しい時代の肖像画といえるだろう。

ロンドン・ナショナル・ギャラリーにおいて、「ウェリントン公爵」は、通常は同じゴヤ作の肖像画「イザベル・デ・ポルセール」、「ドン・アンドレス・デル・ペラル」と同じ展示室に飾られている。

事件07

古代エジプト彫像「アメンホテプ3世頭部像」の輸入

古代エジプト遺跡盗掘品不法輸入事件［イギリス、アメリカ］

■事件の経緯

イギリスの骨董品修復家トークレイ＝パリィ（第1事件）

骨董品修復家ジョナサン・トークレイ＝パリィは、カイロにいるアリ・ファラグというエジプト人と組んで、エジプトから盗掘された骨董品を修復のうえ売却して資金を稼ぐ計画を立てた。このファラグの兄は、カイロで土産物屋を経営し、骨董品のレプリカなどを製造販売しており、1992年頃から、トークレイ＝パリィは、アリ・ファラグを通じて、エジプトの遺跡盗掘グループから盗掘品を購入し、彼の兄に預かってもらっていた。そのうえで、マーク・ペリーという男に、一回につき500ポンドの報酬で、カイロで骨董品を受け取り、イギリスに持ち帰ることを依頼する。マーク・ペリーは、何度もカイロにあるファラグの兄の店を訪れ、盗掘された本物の骨董品を受け取り、他の土産品に混ぜて持ち帰ってトークレイ＝パリィに引き渡すというものである。

　そのような骨董品の中で最も高価なものは、１９９２年にペリーが持ち帰ったアメンホテプ３世の頭部像である。この彫像は、ファラグの兄の店に持ち込まれた後、土産物屋で売られている安物のレプリカに見えるようにプラスチックでコーティングのうえ派手に装飾してからペリーに預けられた。そのお陰で、ペリーは、エジプトおよびイギリスの税関で何も問われることなく、土産物として持ち帰ることができた。彫像を受け取ったトークレイ＝パリィは、イングランド南西部の村にある彼の工房でこれを洗浄、修復してから、スイスのジュネーヴに運び、アメリカ人の美術商フレデリック・シュルツに引き渡した。シュルツは、さらにこれをアメリカに持ち帰り、買い手を探したうえでトークレイ＝パリィから80万ドルで買い取って転売した。トークレイ＝パリィは、同じ方法を用いて、エジプトから多数の盗掘品をイギリスに輸入してシュルツに売却していた。

　１９９４年、トークレイ＝パリィの助手が、27点のパピルス紙を大英博物館に持ち込んだ。購入希望者の要求により、古代エジプトのパピルス紙に間違いないかどうかを確認するためである。しかし、大英博物館は、それらがエジプトの遺跡からの出土品であることに気づき、ロンドン警視庁、エジプト大使館などに連絡したことにより、トークレイ＝パリィの犯行が発覚した。

　その年、トークレイ＝パリィは、イギリスの財産罪法が定める盗品取引罪により逮捕され、起訴された。

アメリカの美術商シュルツ（第2事件）

フレデリック・シュルツは、アメリカの古代・オリエント美術商協会の会長であり、ビル・クリントン元大統領の美術顧問を務める著名な美術商である。彼は、1991年、共通の友人を通じて知り合ったイギリス人の骨董品修復家トークレイ＝パリィに、古代エジプトのアメンホテプ3世の頭部像の写真を見せられ、この彫像が近々手に入ることを伝えられた。これが遺跡からの盗掘品であることやその運び出しに関する計画を聞いた後、シュルツは、彫像の売却を彼に任せることを条件に、計画の実施に伴う諸経費は引き受けることを提案した。トークレイ＝パリィはこの提案に同意し、二人で計画の詳細を決めた。

しかし既に、エジプトは、1983年に制定した法律により、その年以降における発掘品の私人による所有と国外持出しを禁じている。このため、1983年以降に発掘されたことがわかっている骨董品は、売却しようとしても買い手がつかない。そこで二人は、「トークレイ＝パリィの大叔父であるトーマス・アロックが1920年代に大量の発掘品を購入してカイロで保有していた」という虚偽の物語をでっち上げ、この彫像は「トーマス・アロック・コレクションの一つ」という虚偽の来歴を付けて売ることにしたのである。

この計画に基づいて、トークレイ＝パリィは、彫像にプラスチック・コーティングを施して安物の土産品を装ってイギリスに持ち込み、洗浄のうえ1920年代に流行していた方法で修復を施し、その時代に使っていたようにみえる虚偽のラベルを貼ってからスイスを経由してアメリカのシュルツに渡した。これを受け取ったシュルツは、トーマス・アロック・コレクションの売り文句で買い手を見つけ出したうえで、トークレイ＝パリィから80万ドルで購入し、ロンドン居住の個人収集家に120万ドルで売却した。このようなやり方で、シュルツとトークレイ＝パリィは、その後も様々なエジプトの骨董品をイギリス、スイス経由でアメリカに輸入して転売していた。

1994年、トークレイ＝パリィはイギリスで盗品を取り扱った罪で逮捕された。トークレイ＝パリィを通じてシュルツの犯罪も発覚し、2002年、シュルツはアメリカ合衆国連邦法である国家盗品法違反の疑いで起訴されたのである。

■イギリスにおける第1事件の裁判[†2]

盗品取引罪の解釈を誤っている

イギリスの財産罪法は、盗まれたものであることを知りながら盗品の取引をする行為を盗品取引罪として処罰の対象としている。[†3] トークレイ＝パリィの弁護人は、「エジプトにおける発掘品の取引はエジプトの法律に違反していることを知っていただけであり、イギリス財産罪法上の『盗まれたもの（盗品）』の取引との認識はなかった」と主張したが、裁判所は、「盗品取引罪の解釈を誤っている」と述べてこの主張を斥けた。彼はまた、「エジプトで購入した発掘品をマーク・ペリーが受け取って、スイスを経由してニューヨークに送ったので、イギリスでは取引していない」と主張したが、これは「トークレイ＝パリィの依頼により受け取ってイギリスに持ち帰った」とするマーク・ペリーの証言にも反していたので、認められなかった。

結論

1998年、トークレイ＝パリィに対する有罪判決が確定し、彼は禁錮6年8か月の刑に服することになった。ただし、約半分の刑期を終えた時点で釈放されている。彼は、エジプトの裁判所からも懲役20年の判決言渡しを受けている。

■アメリカにおける第2事件の裁判[†4]

「盗品」は窃盗犯に盗まれたものだけではない

シュルツが起訴された「国家盗品法」は、他の州または外国から持ち込まれた5千ドル以上の価値がある物品が盗品であることを知りながら、その取引をした者は、盗品取扱いの罪により禁錮刑、罰金刑またはその両方に処せられる旨を定めている。[†5]

シュルツの弁護人は、「アメンホテプ3世の頭部彫像は、1883年に制定されたエジプトの法律（エジプト法）に違反して輸出されたものではあるが『盗品』ではない」と主張した。「エジプト法は、遺跡から発掘された骨董品は個人が所有できないこと（すなわち、エジプト国に帰属すること）、およびこれを国外に持ち出す行為は処罰されることを定めているだけなので、国の財産収容に関する法律に過ぎず、窃盗罪を罰する法律ではない」との主張である。多数の美術商、美術収集家たちはこの主張を支持し、「シュルツの行為が犯罪とされるようでは、アメリカのコレクターや美術商は安心して取引ができなくなる」との意見書を法廷に提出した。しかし、裁判所は、「国家盗品法が処罰の対象としているのは、真の所有者の占有が妨害されている物品をそのことを知りながらアメリカに輸入する行為である」と述べ、「エジプト法上、発掘品の所有者はエジプト政府であるからこれをエジプト政府に無断で輸入した行為は、盗品取扱いの罪にあたる」と判示し、シュルツの主張を斥けた。

結論

2003年12月、シュルツに対する禁錮33か月の有罪判決が確定した。彼にはさらに罰金刑およびその所持している骨董品のエジプトへの返却が命じられた。

■事件の評価とその後

承認を得ずに持ち出された美術品取引は処罰される

イギリスとアメリカの裁判所は、外国における盗品の取扱いに関して、ほぼ同じような見解を示した。

すなわち、外国で所有者の承認を得ずに持ち出された美術品を取引した者は、それが自国の法律上の「盗品」の定義にあたるかどうかにかかわらず処罰することにし、美術品・骨董品の盗難予防を図っている。イギリスは、この方針をさらに拡大するため、２００３年に「文化財等の違法取引に関する法律」を制定した。[†6]この法律によれば、国内外を問わず、文化財が本来の所在地・設置場所から持ち出されまたは盗掘され、かつその行為が、イギリス法上または外国法上のいずれかの犯罪に該当する場合、そのことを知りながら購入、借入れ、受領、売却、貸出し、輸出入、これらの合意、仲介、斡旋をする行為は一切許されない。また文化財がイギリス国内に輸入されたかどうかも問わないというものである。

エジプトには返却されたのか？

この事件の重要な関心事は、トークレイ＝パリィたちがエジプトから持ち去った骨董品・文化財がエジプトに返却されたのかどうかという点である。エジプト政府は、トークレイ＝パリィが逮捕されてこの事件が発覚するや否や、イギリス政府に盗品の返還を要求している。これを受けて、イギリス政府は、２００２年までにトークレイ＝パリィらが持ち去った盗掘品の大半を見つけ出してエジプトに返却した。しかし、最も重要な文化財であるアメンホテプ３世の頭部像だけは、２００８年まで返還されなかった。[†7]１９９２年にイギリスの個人収集家がシュルツから買い取ったため、返還交渉に時間がかかったからである。イギリスの法律上、美術品を「誠実な取引」により購入した者は、６年間占有し続けると所有権を取得することができる。「誠実な取引」とは、盗品であることを知らない者が、盗品と疑うべき事情がない状況のもとで行う普通の売買のことで、アメリカの著名な美術商から完璧な来歴の説明を受けて美術品を買う場合はまさにこれにあたる。このため、イギリス政府は、購入者に対してエジプトへの返却を強制することはできなかった。このように、被害者が盗品の返還を受けようとするときは、購入者を保護する法律との調整を要することが多い。

言うまでもないことだが、エジプトから盗掘された文化財は、この事件以前にも数多く英米に輸入されている。エジプトは、イギリス政府に対してロゼッタストーン（大英博物館蔵）、アメリカに対してハトシェプストの胸像（メトロポリタン美術館蔵）などの返還を請求している。

なお、外国における盗品の返却に関しては、1970年にユネスコ総会において採択された「文化財の不法な輸入、輸出および所有権譲渡の禁止および防止に関する国際条約」（ユネスコ条約）が、締約国に対し、自国の博物館等が他の締約国で盗まれたり盗掘されたりした文化財を持っている場合、その原産国への返還について適当な措置をとることを義務づけている（ユネスコ条約7条）[†8]。イギリスは2003年、アメリカは1983年にそれぞれユネスコ条約に加盟しているが、それぞれが加盟するより前に輸入した盗品等は条約の対象外であって返還措置をとる義務を負わない。

■大英博物館のロゼッタストーン

エジプトから違法に持ち出された盗掘品は、少し時間がかかったが、イギリス政府がトークレイ＝パリィらや購入者から取り戻してエジプト政府に返却した。イギリス政府や博物館から被害国に返却された盗品や略奪品はその後も増えている。しかし、エジプト側の視点に立てば、「違法に持ち出された」のにまだ返還されていない美術品や文化財は、それ以前にも山ほどある。その一つは、現在、大英博物館が所蔵しているロゼッタストーンである。

ロゼッタストーンは、エジプトのロゼッタで1799年に発見された石碑の一部で、紀元前196年にエジプト王プトレマイオス5世が出した勅令が刻まれている。石碑には、同じ内容の碑文が、古代エジプトの神聖文字（ヒエログリフ）、民衆文字（デモティック）およびギリシャ文字の3種類で記述されているので、当時は解読不能だったヒエログリフを理解する鍵となった。1822年、フランスの言語学者シャンポリオンまたはイギリスの物理学者トマス・ヤング（どちらの功績かは英仏間で争いがある）がその解読に成功し、その後、ヒエログリフで残された様々な記録を解読することができるようになった。

ロゼッタストーンは、元々は神殿の石柱の一部だったが、ローマ時代または中世に運び出され、要塞を建造するための資材として使われていた。1799年、ナポレオンによるエジプト遠征の際、ロゼッタ近郊で、フランス軍兵士の一人が偶々碑文の入った石を目にとめた。ナポレオンはこの遠征に多くの学者を同行していたので、石碑の価値がたちまち判明し、フランス軍はこれを持ち帰ることにした。しかし、1801年、イギリス軍がエジプトに上陸してフランス軍を降伏させたため、石碑は戦利品としてイギリスに持ち去られた。そして1802年以降、ロゼッタストーンは、大英博物館で公開展示されているのである。この石碑の帰属に関する問題は、英仏間では1801年のアレクサンドリア協定により解決しているが、エジプトとの間では何らの合意がない。

2003年、エジプト政府要人で考古学者のザヒ・ハワスは、大英博物館創立250周年を機に、「ロゼッタストーンは、エジプト人の大切なアイコンなので、エジプトに里帰りするときだ。」と述べ、大英博物館にその返還を要求した。この要求は2022年にも行われた。しかし、博物館側は、「エジプト政府からの公式の要請ではない。」とし、返答を控えている。

他国に侵攻して見つけた文化財を無断で持ち去ったナポレオン軍の行為は、現在の国際法上は、「略奪」にあたり、トークレイ＝パリィの犯罪と変わるところはない。しかし、この石の文化的、考古学的価値は、放置されていた石碑を再発見したフランス軍によって生み出されたともいえる。また、2011年のエジプト革命後における盗掘・盗難の横行などのニュースを見聞すると、「今日この石碑を誰もが目にできるのは大英博物館に収蔵されたからである」とのイギリス側の主張にも一理あるように思える。

大英博物館が収蔵する数多くの文化財のうち、ロゼッタストーンは最も人気の高い展示品の一つである。

事件08

エゴン・シーレ「ヴァリーの肖像」と国家盗品法の「盗品」

合衆国対ヴァリーの肖像事件［アメリカ］

■事件の経緯

ナチスから逃れるため、やむを得ない処分

エゴン・シーレ作「ヴァリーの肖像」《本書カバー絵》は、ウィーンで画廊を営んでいたユダヤ人の画商、レア・ボンディ夫人がそのプライベート・コレクションとして所有し、自宅に飾っていたものである。しかし、1938年、オーストリアはナチスの進攻を受け、ドイツに併合された。その結果、ナチスが定めた「非ユダヤ化（Aryanization）」法に基づいて、ユダヤ人の事業経営は禁じられ、事業用資産は没収されることになった。1939年、ボンディ夫人はウィーン脱出を計画していた。彼女は、その経営する画廊がナチスに没収されることを避けるため、非ユダヤ人であるウィーン市民、ウェルツに安価

で売却することにしたのだが、ボンディ夫人の自宅を訪れた際に「ヴァリーの肖像」を目にしたウェルツは、この絵を画廊の商品とともに引き渡すように求めた。彼女は、この絵は事業用ではないことを説明したが、ウェルツは承服せずに執拗に迫った。彼女は、その翌日に、ナチスに見つからないように出国したかったため、ウェルツに妨害されることを恐れ、彼の要求に従わざるを得なかった。こうして、「ヴァリーの肖像」はウェルツの手に渡った。彼は、同じ方法で、他のユダヤ人画商からも多くの美術品を手に入れていた。

オーストリア国立美術館に収まっていた「ヴァリーの肖像」

第二次世界大戦後の１９４５年、オーストリアに進駐した米軍は、ウェルツを逮捕し、彼がユダヤ人から取り上げた美術品のすべてを没収した。当時、合衆国政府は、米軍に対し、「ナチスが他国から奪った財産を取り戻し、それぞれの国の政府に引き渡すように」との指令を出していた。米軍はこの指令に基づいて「ヴァリーの肖像」を含む美術品をオーストリア政府に引き渡した。しかし、その際、ちょっとした手違いにより、ボンディ夫人が所有していた「ヴァリーの肖像」は、ウェルツが他のユダヤ人（リーゲル氏）から取り上げた美術品（リーゲル・コレクション）の中に紛れ込んでしまった。その後、オーストリア政府とリーゲル氏の遺族の間で、美術品の返還をめぐる交渉が行われた。オーストリア政府は、国の貴重な美術品の国外持出しを原則として禁じており、リーゲル氏の遺族は国外居住者なので、美術品の返還を受けるには政府の許可が必要となる。１９５０年5月、リーゲル氏の遺族は、リーゲル・コレクションの持出し許可の条件として、その一部をオーストリア国立ベルヴェデーレ美術館（オーストリア国立美術館）に売却することに同意し、これには「ヴァリーの肖像」も含まれていた。こうして、この絵は、リーゲル・コレクションの一部とともにオーストリア国立美術館に収蔵された。

レオポルド博士による買取り

ボンディ夫人は、ウィーンを離れた後はロンドンで画商として働いていたが、第二次世界大戦後まもなく、オーストリア政府に財産の返還を申し立て、ウィーン所在の彼女の画廊をウェルツから取り戻すことに成功した。しかし、「ヴァリーの肖像」は所在がわからず戻ってこなかった。１９５３年、ウィーン市民の医学博士でエゴン・シーレ作品の熱心なコレクターだったルドルフ・レオポルド博士がロンドンのボンディ夫人を訪ねた。レオポルド博士はボンディ夫人に、「ヴァリーの肖像」がオーストリア国立美術館にあることを教えたところ、夫人は、それが彼女のものであることを博士に伝え、取戻しに協力してほしいと頼んだ。

１９５４年、レオポルド博士は、オーストリア国立美術館と交渉し、彼が持っている別のシーレ作品と「ヴァリーの肖像」との交換を合意した。こうして、１９５４年9月、博士は、この絵を手に入れて自身のコレクションに加えたが、ボンディ夫人にそのことは一切伝えなかった。

レオポルド美術館への売却

１９５７年、ボンディ夫人は、レオポルド博士が彼女の絵を持っていることを知り、代理人を通じて博士に手紙を出した。彼女の代理人は、博士が彼女の依頼に反して無断でこの絵を取得したことを非難し、彼女への返還を求めたが、博士は、「ボンディ夫人はすでに所有権を放棄した」などと述べ、この要求を拒絶した。彼女は、友人であるウィーン出身の画商オットー・カリアに取戻しの協力を求めた。カリア氏は返還請求の方法を検討したが、１９６９年にボンディ夫人が亡くなったため、具体的な手続きを進めることはできなかったのである。

１９９４年8月、レオポルド博士はウィーンにレオポルド美術館を設立し、「ヴァリーの肖像」を含む彼のすべてのコレクションを売却した。コレクションの大半はもちろんシーレ作品である。彼は、レオポルド美術館の終身館長に就任した。

ニューヨーク近代美術館への貸出し

１９９７年、レオポルド美術館は、ニューヨーク近代美術館（近代美術館）が開催するエゴン・シーレ展に出品するため、その所蔵品のうちから、「ヴァリーの肖像」を含むシーレ作品を貸し出した。展覧会は、１９９７年10月８日から翌年1月4日まで行われたが、この期間満了の5日前、近代美術館は、故ボンディ夫人の甥、アンリ・ボンディ氏から、「展示品の一つである『ヴァリーの肖像』は叔母（故ボンディ夫人）がナチスから盗まれた絵なので、会期後に引き渡してほしい」との要求を受けた。しかし、近代美術館は、レオポルド美術館との美術品貸借契約上、展覧会後に貸主に返却する義務を負っている。近代美術館は、そのことを告げて要求を断った。

ニューヨーク群地方検事による召喚令状

１９９８年１月７日、展覧会を終えた近代美術館は、借入れ美術品の返還の準備をしていたところ、ニューヨーク群地方検事から「ヴァリーの肖像」の提出を求める旨の召喚令状を受け取った。近代美術館によるこの絵の借入れはニューヨーク州の刑法が定める「盗品保持の罪」にあたる疑いがあるというのがその理由である。

近代美術館は、１９９８年１月22日、裁判所にこの令状の取消しを申し立てた。ニューヨーク州には、展覧会に出品するために州外や外国から借り入れた美術品を差し押さえることを禁ずる法律（ニューヨーク州美術品差押禁止法）がある。州民に他州や外国の美術品を鑑賞する機会を与えるため、美術品の貸主への確実な返還を保証することを目的とした法律である。近代美術館は、群地方検事による召喚令状は、この法律に違反すると主張した。

１９９９年９月21日、裁判所は、「ニューヨーク州美術品差押禁止法の目的に照らせば、刑事か民事かを問わず、借入れ美術品の返還を妨げる法的手続きは許されない」と述べて、召喚令状を取り消した。[19]

合衆国連邦政府の差押え

しかし、ニューヨーク群地方検事の令状が取り消された日の翌日（1999年9月22日）、「ヴァリーの肖像」は、合衆国連邦政府の要求により連邦地方裁判所が発した令状により差し押さえられた。連邦政府は、「レオポルド美術館が盗品である『ヴァリーの肖像』をアメリカに持ち込んだ行為は、連邦法である国家盗品法に違反する」と主張して、連邦地方裁判所にその没収を求めたのである。

この差押えは、合衆国連邦法である国家盗品法違反に関するものなので、ニューヨーク州美術品差押禁止法違反を根拠にして取消しを求めることができない。アメリカの司法制度上、州法は、連邦憲法および連邦議会が制定した法律に反しない範囲でしか効力を持たないからである。

そこで、レオポルド美術館（原告）は、「本件は国家盗品法違反にあたらない」と主張して、合衆国連邦政府（被告）による没収請求の即時却下を連邦地方裁判所に申し立てた。

■裁判

レオポルド美術館の主張：「ヴァリーの肖像」は「盗品」ではない（争点1）

原告レオポルド美術館の言い分のうち、最も有力だったのは、「この絵は、国家盗品法上の盗品ではない」という主張である。国家盗品法違反の罪が成立するには、①美術品が「盗品」であること、②その評価額が5千ドル以上であること、③盗品であることを知りながらアメリカに持ち込まれたことの証明が必要である。[†10] このうち、①の「盗品」に何が含まれるのかについて、法律には明記されていないが、裁判所は、盗まれた物だけではなく、横領、脅迫、恐喝、詐欺などにより本人の真意に反して奪われた物はすべて、国家盗品法上の「盗品」にあたると解している。したがって、「ヴァリーの肖像」は、ナチスによる迫害を利用してウェルツがボンディ夫人から奪った時点で「盗品」にあたることは疑いない。しかし、原告レオポルド美術館は、「米軍が被害者に代わって略奪者であるウェルツからこの絵を取り戻したのだから、その時点で、『盗品』ではなくなっている」と主張した。

裁判所の判断[†11]「略奪後に返還されていないものは『盗品』にあたる」

第一審である連邦地方裁判所は、2000年7月、原告の言い分を認め、「ヴァリーの肖像」は「盗品」ではないので、国家盗品法には違反しないと述べた。被告である合衆国連邦は、「この判断は間違っている」として連邦控訴裁判所に上訴した。

その結果、2002年4月、連邦控訴裁判所は、第一審の判断をくつがえし、この絵は米軍がウェルツから取り戻した後も「盗品」であると判示した。「米軍は、美術品を取り戻してオーストリア政府に引き渡すという任務を遂行しただけであり、『被害者に代わって取り戻した』わけではない。したがって、被害者が実際に返還を受けるまでの間は、これが『盗品』であることに変わりはない」という判断である。原告による即時却下の申立ては認められず、本件は連邦地方裁判所に戻されて審理を続けることになった。

レオポルド美術館の主張：3年以上持っていれば所有権を取得できる？（争点2）

次に、原告レオポルド美術館は、「オーストリア民法が定める取得時効により、国立美術館、またはレオポルド博士がすでにこの絵の所有権を取得しているので、『盗品』にはあたらない」と主張した。「取得時効」とは、ある者が物品の占有を始めた後、法律が定める一定の期間、所持し続けて所有者のようにふるまっていた場合、そのような事実状態を尊重してその者が所有権を取得することを認めるという制度である。オーストリア民法上、「正当な取引により動産を購入した者は、その後3年間占有し続けたとき、それが盗品であっても所有権を取得することができる」と定めている。そこで、原告は、この民法の規定に基づき、「この絵の所有権は、1950年にオーストリア国立美術館がリーゲル氏の遺族からこの作品を購入して3年が経過したときにオーストリア国立美術館に移っている。また仮にそうでないとしても、1954年にレオポルド博士が他の作品とこの絵を交換してから3年が経過したときにレオポルド博士に所有権が移っている」との主張を展開した。

裁判所の判断[12]「盗品の疑いがある美術品を持っていてもダメ」

オーストリア民法によれば、この3年の占有による取得時効は、「取引の前または占有期間中に盗品であることを疑うべき事情が生じたときや買主が不注意によって盗品ではないと信じたとき」には成立しない。

裁判所は、2009年9月、オーストリア国立美術館は、「ヴァリーの肖像」がリーゲル・コレクションに含まれるかどうかについて当初から疑わしい点があったのに何も調査していないこと、レオポルド博士はボンディ夫人と面談した折に彼女の主張を聞いていることなどを認定したうえ、これらの事情があった以上、オーストリア国立美術館やレオポルド博士が所有権を取得したと判断することはできないと述べて、原告の取得時効に関する主張を斥けた。原告は他にも様々な主張をしたが、裁判所はすべて認めなかった。

レオポルド博士の死と、審理の中断

国家盗品法違反にあたるのは、「美術品が盗品であることを知りながらアメリカに持ち込む行為」なので、被告合衆国連邦は、「原告レオポルド美術館は『ヴァリーの肖像』が盗品であることを知っていたこと」を立証しなければならない。このためには、レオポルド博士の証人尋問が不可欠なので、裁判所は証人尋問を含む事実審理のための期日を設定した。しかし、この裁判が開かれる前の2010年6月、レオポルド博士は亡くなってしまった。当事者双方は、この裁判のために最も重要な証人を失ったことになり、戦略と訴訟方針の練り直しが必要になった。

結論（和解の成立）

2010年7月、当事者双方は、話合いにより、この事件を和解により解決することに合意した。和解の条件として、原告レオポルド美術館は被告合衆国連邦政府に1900万ドルを支払うことに合意し、

被告はそれと引換えに「ヴァリーの肖像」を原告に返すことに合意した。和解金は連邦政府を通してボンディ夫人の遺族に支払われた。和解条件の一つは、この絵を返却する前に、ニューヨークのユダヤ人遺産博物館で展示することだった。遺産博物館で2010年7月29日から8月18日までの展示期間を終えた「ヴァリーの肖像」は、12年ぶりにウィーンに返却された。

■事件の評価とその後

連邦政府による差押えには、ニューヨーク州差押禁止法は役に立たない

この事件は、「略奪品の返還請求訴訟はアメリカで起こすべし」というトレンドを生んだきっかけとなった事件である。

1990年代以降、美術館が外国の美術館が開催する展覧会に出品するためにその所蔵品を貸し出している間に、その所有権を主張する第三者により差押えなどを受けて、返却を受けられなくなるという事件が多発したため、ロシアなど一部の国は、このリスクを懸念し、海外の美術館への貸出しは、確実に返却を受けられるとの保証がある場合を除き躊躇するようになった。[†13] そこで、20世紀末以降、フランス、ドイツ、イギリス、日本をはじめとする多くの国は、海外から借り入れた美術品の差押えを禁止するための法律を制定し、借り入れた作品の確実な返却を約束できるようにした。アメリカは、他国に先駆けて、1965年から展覧会に出品する美術品の借入れを促進するための連邦法（連邦美術品差押禁止

法）を設け、美術館等の展覧会に出品するために米国内に持ち込まれた美術品について、事前に政府に申請して承認を受けること、および官報に公示することを条件とし、刑事・民事を問わず、差押えその他美術品の管理支配を制限する法的手続きを禁じている。[†14] さらに、ニューヨーク州は、１９６８年から、展示のために借り入れた美術品の差押えの禁止を徹底するために独自の州法を定め、展覧会のために他州や外国から借り入れた美術品は、何らの手続きをしなくても、差押えができないことにしていた。[†15] この法律により、ニューヨーク州の美術館は、連邦政府の承認などが必要な連邦法上の差押禁止手続きをとらずに済んでいたのである。

しかし、本事件は、連邦政府が国家盗品法違反による差押えをしてきたときは、ニューヨーク州美術品差押禁止法では役に立たないことを明らかにした。この事件における連邦政府の差押え以降は、ニューヨークの美術館の展覧会の場合も、盗品の疑いをもたれている海外美術品を借り入れて出品する際は、連邦美術品差押禁止法上の差押禁止手続きをとっておくことが実務として定着した。

ただし、ニューヨーク州では、連邦法上の差押禁止手続きをとったとしても、盗品の疑いのある海外美術品の返還請求訴訟を阻止できるわけではない。[†16]

■エゴン・シーレとヴァリー

この事件の作品「ヴァリーの肖像」は、19世紀末ウィーンの画家、エゴン・シーレがその恋人ヴァリー・ノイツェルを描いた肖像画である。

エゴン・シーレは、1911年頃、彼の師匠であるクリムトの紹介で、ヴァリーと出会ったと言われている。当時の彼女は、クリムトのモデルでありその愛人とも噂されていたが、以後はシーレのモデルになった。21歳のシーレと17歳のヴァリーはたちまち恋に落ちた。二人は、周囲の反対と顰蹙から逃れるためにウィーンを離れ、シーレの母方の故郷であるチェコの田舎の村に移住して同居生活を始めた。しかし、村民たちは、家にこもって子供たちや娼婦を連れ込んでは裸体画を描くシーレに不信を抱き、二人を受け入れない。二人は早々に逃げ戻り、人目を避けてウィーン郊外で暮らし始めた。1912年4月、シーレは幼児誘拐などの容疑で突然逮捕され、未成年者に対するわいせつ画流布の罪で有罪判決を受けた。拘留と禁錮刑を併せて24日間拘禁されたうえ作品は押収、焼却され、彼は恐怖と絶望感を味わうが、ヴァリーは、そんなシーレに寄り添って懸命に励まし続けた。

1914年頃、ウィーンにアトリエを構えてヴァリーと暮らしていたシーレは、このアトリエの向かいの家に住む姉妹と親しくなる。彼は、妹のエディットと結婚することを決めたが、ヴァリーと別れることもできないでいた。しかし、ヴァリーは、死に神のようなシーレに抱きすがる彼女の姿を描いた「死と乙女」という作品（1915年、レオポルド美術館蔵）を見てシーレの本心を知り、二人の前から去ることにした。彼女は、従軍看護婦に志願してウクライナに赴任するが、1917年暮れ、現地で23歳の若さで病死した。

1915年6月、シーレは、エディットと結婚式を挙げた4日後、第一次世界大戦により徴兵され、チェコに派遣される。１９１７年にはウィーンに戻ることができたが、翌１９１８年の秋、妊娠中だった妻エディットはスペイン風邪により他界する。シーレもその3日後、同じ病で後を追った。28歳だった。

１９１２年の逮捕拘禁事件後まもなくに描かれた「ヴァリーの肖像」は、ヴァリーが最も幸せを感じていた瞬間を捉えた作品と思われる。シーレが描く彼女は、無表情または悲しそうな暗い顔をしたものが多い中、この絵のヴァリーは穏やかに微笑んでいるように見える。

レオポルド美術館では、「ヴァリーの肖像」は、シーレが同じ頃に描いた「ほおずきの実のある自画像」（１９１２年）と隣り合わせに展示されている。

パンテオン・マーブルはギリシャに返すべきか？

●大英博物館の展示物の中でロゼッタストーンに並び人気があるのは、アテネのアクロポリスにあるパンテオン神殿の一部だった立体彫刻や壁面彫刻である。パンテオン・マーブルと呼ばれるこれらの彫刻群は、19世紀初頭に、オスマントルコ帝国に英国大使として赴任していたエルギン卿が、オスマントルコのスルタンから勅許状を受けて、神殿から剝がして持ち帰ったものである。当時、アクロポリスはオスマントルコの支配下にあった。エルギン卿は、当初はこれらを私邸に飾る調度品にするつもりだったが、経済的な事情により英国政府に買取りを打診した。英国議会は周到な調査によりエルギン卿がこれらを適法に取得したことを確認したうえで買取りを決めた。1816年以降、これらは、大英博物館に新設されたギャラリーにおいて展示公開されている。

●さて、1821年にギリシャ独立戦争が始まり、1832年、ギリシャは、その独立が諸外国に承認され、オスマントルコからアクロポリスを取り戻した。それから150年が経過した1983年、ギリシャ政府は、イギリス政府に対して、エルギン卿が持ち去ったパンテオン・マーブルの返還を求めた。この要求は、今日までずっと継続して行われている。これに対し、イギリス政府は、パンテオン・マーブルは正式の手続きを経て適法に入手したものであることを主張し、ギリシャの要求を拒絶し続けている。

●2021年、ユネスコ文化財返還委員会は、満場一致によりイギリスはパンテオン・マーブルをギリシャに返すべきであるとの勧告を決議したが、イギリス政府はこれを拒否し、それまでと同じ主張を繰り返してきた。

●ところが、2022年以降、英国内に若干の変化が生まれ始めている。従来、大英博物館の所蔵品の処分は法律が禁じていたが、同年2月、議会は、「倫理的義務」があるときは処分を認める法案を可決した。これをきっかけに、7月、大英博物館は、「ギリシャ政府との話合いを始めてパンテオン・マーブルに関するパートナーシップを目指したい」と表明した。さらに、10月、与党保守党の議員の有志がパンテオン・マーブルのギリシャへの返還に関する検討を行うための諮問会議を立ち上げた。政府の公式な機関ではないが、元文化大臣が座長となり、大臣経験者などの有力な政治家が参加している。この動きの背景には英国内の世論の変化がある。イギリスの調査会社YouGovによる2021年11月の調査によれば、「パンテオン・マーブルはギリシャに返すべきだ」との意見の英国民は全体の59パーセント（2014年は37パーセント）であり、「イギリスに留めるべき」との意見は18パーセントに過ぎない。

●パンテオン・マーブルの返還が実現した場合の影響は計りしれない。大英博物館が収蔵する諸外国の文化財・遺跡類の多くは、その入手経路を辿ればパンテオン・マーブルと大差がないので、いつでも原産国から返還を求められる可能性がある。ルーヴル美術館やメトロポリタン美術館も似たような状況である。

●世界各地の文化遺産や歴史的資料を収集、保存、展示公開することを使命としてきた美術館・博物館は、その存在意義を見直すべきときが近づいているようだ。

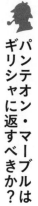

III

盗品・略奪品は取り戻せるのか

盗難美術品の多くは、盗まれた後に売却され、第三者の手に渡っている。被害者は、盗品の所持者を見つけたときにその返還を請求するが、盗品と知らずに代金を支払って購入した者としては、盗まれたと主張する者が現れても、簡単に引き渡すわけにはいかない。そして、盗難の被害者と盗品の現所持者の間で所有権の帰属が争われた場合にどちらを勝たせるのかは、各国の法制度によって違いがある。

アメリカ以外の多くの国は、即時取得、取得時効（時間の経過によって所有権を取得できる制度）など、盗品であることを知らずに購入した者を保護するための法律の制度を設けている。たとえば、日本では即時取得の制度により、盗品とは知らずに購入した者は、原則として所有権を取得する。イギリスでも、†画廊やオークションで盗品とは知らずに美術品を購入し、6年間継続して所持した場合は、所有権を主張できる。

これに対し、アメリカは、盗難被害者保護のため、「いかなる買主も売主が有している権利以上のものは取得できない」という法の原則を徹底し、即時取得や取得時効のような制度はない。ただし、例外が二つある。一つは、各州が定めている出訴期間の制限に関する制定法（出訴期間制限法）である。「出訴期間」とは、民事上の権利に関して、裁判所に訴訟を提起して救済を求めることができる期間のことである。二つめは、「権利行使懈怠《けたい》の法理（Doctrine of Laches）」である。この法理によれば、盗難品・紛失品の元所有者が長期間に亘りその捜索を怠った場合、他人の利益を犠牲にして返還を請求することができなくなる。もっとも、裁判所は、どちらの例外もその適用を限定している。特にニューヨーク州の裁判所は、これらを滅多に認めない。

【事件09】、【事件10】、【事件11】は、ニューヨーク州の裁判において盗品、略奪品の返還請求が認められるかどうかが争われた事件である。これらを順次に読めば、裁判所が漸次に被害者保護を強化してきたことが理解できる。

【事件12】では、同じ問題に関するイギリスの事件を紹介する。この事件と右の三つの事件を比較すれば、この問題に関するアメリカ、とりわけニューヨーク州の特異性が明らかになる。

事件09

クロード・モネ「ヴェトゥイユの小麦畑」は取り戻せるか？

デヴェールス対ボルディンガー事件［アメリカ］

■事件の経緯

米軍兵士駐留後にモネ作品は紛失

ドイツのボン市に住むデヴェールス夫人は、モネの小品「ヴェトゥイユの小麦畑」(モネ作品)を所有していた。この絵は、デヴェールス夫人の父親が1908年に購入したもので、彼女は、これを1922年に相続してから1943年まで自宅の居間に飾り、大切に保管してきた。1943年8月、デヴェールス夫人は、この絵が第二次世界大戦の戦災に遭わないように、他の美術品とともに、南ドイツに住んでいた妹に預けた。この妹の家には、1945年に米軍の兵士が駐留していたが、その年の秋に戦争が終結し米兵が引き上げた後、デヴェールス夫人は、妹からモネ作品がなくなっているとの連絡を受けた。

彼女は翌年このことを米軍に報告し、１９４８年には弁護士を雇って捜索を依頼するとともに、１９５５年には美術専門家にも相談した。さらに、１９５６年にはボン市の警察に紛失届けを出したが、結局彼女の絵を見つけ出すことができなかった。

モネ作品はニューヨークに渡っていた

実はモネ作品は、１９５６年12月、ジュネーヴの美術商を経由して、ニューヨークのウィルデンスタイン画廊に引き渡されていた。ウィルデンスタイン画廊は、１９５７年6月、ニューヨークのパークアベニューに住むボルディンガー夫人にこれを売却したが、ボルディンガー夫人は、この絵がドイツで紛失した絵画であることなど全く知らずに購入し、その引渡しを受けていた。それ以降、この絵が彼女の家の居間から離れたのは二度だけである。一度目は１９５７年にウォルドルフ・アストリア・ホテルで催された慈善展覧会に出品したとき、二度目は１９７０年にウィルデンスタイン画廊がニューヨークで開催した「印象派１００年展」に貸し出したときである。この二回の展覧会の際に発行された展覧会図録（カタログ）には、それぞれこの作品の図版が掲載されている。さらに、この絵は、１９６７年に出版された書籍「モネ印象派」に紹介され、また１９７４年にウィルデンスタインが発行したモネのカタログレゾネ（作家が創作した全作品を記入した目録）にも掲載されていた。

展覧会のカタログを見てモネ作品を発見

1981年、デヴェールス夫人の甥は、ウィルデンシュタイン画廊が1970年にニューヨークで開催した展覧会のカタログを図書館で見かけた。彼は、これに叔母が持っていた絵が掲載されていることを知り、叔母にそのことを知らせたところ、デヴェールス夫人は、直ちに弁護士に依頼して、ウィルデンスタイン画廊に対するニューヨーク州裁判所の情報開示命令をとり、モネ作品がボルディンガー夫人の元にあることを突きとめた。

1982年12月、デヴェールス夫人は、ボルディンガー夫人に対してモネ作品の返還を求める手紙を出したが、翌年2月1日、この要求は拒絶された。そこで、1982年2月16日、デヴェールス夫人（原告）は、ボルディンガー夫人（被告）から彼女の絵を取り戻すため、合衆国（ニューヨーク南部地区）連邦地方裁判所に返還請求訴訟を提起したのである。

■裁判

3年以内に訴訟を起こしたか？（連邦地方裁判所†2）

アメリカの法制度の下では、美術品を紛失した元所有者は、美術品がかつては自分の物であったということさえ証明すれば、これを購入して現に所持している者から取り戻すことができる。ただし、ニューヨーク州の出訴期間制限法は、「物品の返還請求訴訟は、請求権が発生した後3年以内に提起しなければならない」と定めている。†3 被告ボルディンガー夫人は、「原告デヴェールス夫人は1945年にこの絵を紛失し、被告（ボルディンガー夫人）は1957年にこれを購入しているので、もはや出訴期間を過ぎており、原告はニューヨーク州で訴訟を提起することができない」と主張した。

しかし、連邦地方裁判所はこの主張を認めなかった。ニューヨーク州の出訴期間制限法は、3年間の出訴期間を定めているだけで、この3年間をいつから計算するのかは明記していない。これに関し、ニューヨーク州の裁判所は、過去の事件において、「物品が盗品であることを知らずに購入した者に対する返還請求訴訟の出訴期間は、物品の元所有者が購入者に対してその返還を要求し、これに対して購入者が返還を拒絶した日から計算する」と判示していた。[†4] アメリカでは、裁判所が判決の理由として示した判断は判例法と呼ばれ、法律と同じ効力がある。そこで、連邦地方裁判所は、この判決を判例法として本件に適用し、「被告ボルディンガー夫人が絵画の返還要求を拒絶された日、すなわち1983年2月1日から2週間ほど後（2月16日）に原告デヴェールス夫人は訴訟を起こしているので、出訴期間は経過していない」と判示して、被告に対して原告に対するモネ作品の返還を命じた。

被告はこの判決には承服できず連邦（第二巡回）控訴裁判所に上訴をした。

不合理な遅滞の法則？（連邦控訴裁判所における被告の言い分）

控訴裁判所において、被告ボルディンガー夫人の代理人弁護士は、連邦地方裁判所が「本件の出訴期間の開始日を被告が返還要求を拒絶した日（1983年2月1日）と判断したのは間違いである」と主張した。「デヴェールス夫人は紛失品を誰が持っているのかを誠実に探しさえすれば簡単に見つかって返還請求できたはずである。ニューヨーク州の出訴期間制限法がいかに元所有者に有利であるとしても、捜索や返還請求を怠っていた場合、いつまでも訴訟提起できる期間が続くのは不合理なので、そのような場合は、返還を拒絶した日がいつかにかかわらず、『誠実な調査をすれば見つけられたはずの日』から出訴期間を計算すべきである」との主張である。このように、元所有者が紛失品の捜索をしなかった場合に出訴期間の開始日を変更する考え方は、「不合理な遅滞の法則（unreasonable delay rule）」と呼ばれ、アメリカの多くの州の裁判所がすでに判例法として採用していた。盗品と知らずに購入して所持し続けてきた現所持者が一方的に不利にならないようにするためである。しかし、ニューヨーク州には、それまでこの法則を適用して出訴期間の開始日を変更した裁判事件が一つもなかった。そこで、被告は、ニューヨーク州でも「不合理な遅滞の法則」を採用すべきであると主張したわけである。

連邦制国家特有の事情と連邦裁判所における州法の適用

ここで、この事件を正しく理解するため、アメリカの裁判制度に関して少し説明しておこう。アメリカは連邦制国家なので、各州は、それぞれ他の独立国と同じような独立した法律と独立した裁判所を持っており、州の中で起こった一般的な民事事件や刑事事件は、その州の裁判所がその州の法律を適用して解決する。他方で、アメリカには、合衆国連邦全体を規律する連邦法があり、また、連邦法に関する問題や他の州や国をまたぐ事件を中心に扱う連邦裁判所がある。ニューヨーク州には、ニューヨーク州裁判所と連邦裁判所のニューヨーク支部とが併存しているのである。本件は、外国人とニューヨーク市民との間の事件なので、原告はニューヨーク州裁判所ではなく、連邦裁判所に訴訟を提起した。しかし、ニューヨーク州の出訴期間制限法に関する問題は、本来は連邦裁判所ではなく、ニューヨーク州裁判所が扱うべき法律問題である。このような場合、すなわち、連邦裁判所において州法の問題が争われた場合、連邦裁判所は、連邦憲法および連邦議会が制定した法律に抵触しない限り、その州法を適用してその問題を解決すべきものとされているのである。[†5]

デヴェールス夫人は合理的な捜索を尽くしていなかった[†6]

さて、ニューヨーク州の出訴期間制限法における出訴期間の開始日に「不合理な遅滞の法則」を適用すべきかどうかは、ニューヨーク州法の問題だが、ニューヨーク州の裁判所はこれまでこれに関する判断をしていない。そこで、連邦裁判所は、仮にニューヨーク州裁判所がこの事件を担当していたとしたらどのように判断したかを推測し、「ニューヨーク州裁判所も、他の多くの州と同様の法則を採用するはずである」との結論を出した。

そのうえで、裁判所は、原告デヴェールス夫人が合理的な調査を尽くしたかどうかを検討した。彼女が、1946年にモネ作品の紛失を米軍に報告したのは、当時における一般的な手続きに従った書式の書面を提出したに過ぎないし、弁護士や美術専門家に相談したことに特に意味はない。当時の連合軍および1949年以降のドイツ政府は、戦時中に紛失した美術品の登録をさせる制度を設けていたが、彼女はこの手続きをしなかったし、複数の美術館や画廊が紛失美術品に関する広告を公表しているのに、これへの登載を依頼することもなかった。結局、原告デヴェールス夫人は、1956年にドイツ警察に紛失届けを出してから1981年まで、何らの捜索活動をしていないと判断されることになった。裁判所は、「もしも原告がこの間に調査をしていたら、ニューヨークにおける二回の展覧会のカタログや書籍やモネのカタログレゾネから紛失した絵の所在を容易に知ることができたはずであるから、原告は合理的な捜索を尽くしていなかった」と認定したのである。そして、「原告デヴェールス夫人が合理的な努力を払っていないのに、盗品とは知らずにこれを購入して30年間所持し続けた被告からこれを奪い取るのは正義に反する」と述べ、原告の返還請求は認められないと判示した。

結論

1987年12月、モネ作品は被告ボルディンガー夫人の元に残ることが確定した。

■事件の評価と教訓

紛失美術品の捜索をすぐにあきらめないこと

アメリカでは、「いかなる買主も売主が有している権利以上のものは取得できない」という法の原則により、美術品を紛失した元所有者は、それがかつては自分の物であったということさえ証明すれば、これを購入して現に所持している者がそれを盗品とは知らずに買ったかどうかにかかわらず、その者から美術品を取り戻すことができる。ただし、各州は、民事裁判がいつまでも無限定に起こされることを防止するため、出訴期間制限法という法律を定め、返還請求訴訟を提起できるようになってから一定の期間が経過した後は、訴訟を提起することができなくなることにしている。この期間の開始日をいつにするのか、そして期間を何年にするのかは、州によって異なる。カリフォルニア州など多くの州は、元所有者が美術品とその現所持者の所在を知ったときから3年ないし5年以内とし、またニューヨーク州などは、現所持者が返還を拒絶した日から3年以内に訴訟を提起すべきものとしている。この期間内に起こしさえすれば、それが紛失した日からどれほど経過していようが、また現所持者がどれだけ長い期間これを所持していようが、訴訟により取り戻すことができるのである。[†7]

しかし、これでは元所有者に有利すぎるので、多くの州の裁判所は、美術品を紛失した元所有者が美術品の所在について誠実な調査・捜索をしていなかったときは、「調査をしていれば美術品とその所持者をすぐに発見できたはずの日」から出訴期間を計算すべきものとしている。これが「不合理な遅滞の法則」と呼ばれるものである。

したがって、美術品を紛失した者は、「不合理な遅滞の法則」によって出訴期間が経過することを防ぐため、紛失美術品の捜索をすぐにあきらめたりはせず、少なくとも作者のカタログレゾネや展覧会カタログなどの調査を定期的に行う方がよい。

なお、本事件の判決の後、ニューヨーク州裁判所は、この次に紹介する**【事件10】**（グッゲンハイム美術館対ラベル事件）の判決により、「不合理な遅滞の法則」はニューヨーク州では適用されないとの判例法を確立した。ただし、ニューヨーク州でも、後に紹介する「権利行使解怠の法理」の適用がある。

■クロード・モネとその作品

クロード・モネは、19世紀末から20世紀初頭に活躍したフランス印象派の中で最も有名な画家である。印象派は、写実的表現を重視するルネサンス以降の伝統を壊し、画家の主観や感情を作品に表現することを実践して絵画に革命をもたらした。モネは、野外制作という作画スタイルと筆触分割（絵の具を混ぜ合わさず原色に近い色の筆触をカンヴァス上に並べること）の手法を編み出して仲間の賛同を得た。印象派の名称は、第一回目のグループ展に彼が出品した「印象 日の出」（1872年、マルモッタン美術館蔵）を皮肉ってそう呼ばれたことが起源である。彼が晩年に描いた麦わら、ポプラ並木、ジベルニーの庭などの風景画は、印象派スタイルを残しつつも、時間の経過に伴う自然光の微妙な変化をとらえて表現し、現代アートの画家たちにも多大な影響を与えた。

本事件のモネ作品「ヴェトゥイユの小麦畑」（1881年）は、モネがパリの北西にあるセーヌ川沿いの小さな村、ヴェトゥイユに住んでいた頃（1878年－1881年）に描いた風景画の一つである。この時代は、モネの生涯の中で最悪の時期だった。まず、彼の妻カミーユは、1876年に患った重病が悪化し寝込んでしまう。子宮癌だった。経済的には、パトロンとして当時のモネの生活を支えていたエルネスト・オシュデが破産したため、その妻および六人の子供たちとともにモネの家に同居することになる。食料も暖房もない生活を強いられる中、妻カミーユは１８７９年に息子二人を残して亡くなった。印象派の仲間とも対立し、彼はグループを離れることになる。こうした失意の中でも家族を養う必要があるため、モネはヴェトゥイユの風景画を描き続けた。青壮年期のモネは絵画の革命を目指して絵を描き、晩年は彼自身の興味のために描いたが、ヴェトゥイユ時代は、主に生活のため、すなわち売るための絵を描いていた。彼の作品はサロンに認められていないので、ターゲットは普通の市民である。そこで、ヴェトゥイユ時代の作品の多くは、庶民の家に飾れそうな明るい色彩の小品であり、実際に人気が高かった。ただし、その画風に関しては一切の妥協なく、どれも自然光の動きを荒いタッチで描いた典型的なモネ・スタイルである。

本事件のモネ作品は個人蔵だが、ヴェトゥイユを描いた彼の作品は、オルセー美術館（「ヴェトゥイユの雪」１８７９年、「ヴェトゥイユの道」１８７９年、「セーヌ川からのヴェトゥイユ」１８８０年等）、ワシントン国立美術館（「ヴェトゥイユの画家の庭」１８８１年）などにある。

事件10

紛失したシャガール「家畜商人」

グッゲンハイム美術館対ラベル事件［アメリカ］

■事件の経緯

シャガール作品の紛失

ニューヨークのグッゲンハイム美術館は、１９６０年代後半、ソロモン・グッゲンハイム氏から寄贈を受けて所蔵しているシャガール作「家畜商人」が見当たらないことに気がついた。この絵はそれまで、他の美術館で開催された展覧会に出品するため、何度も貸し出されている。グッゲンハイム美術館の貸出し記録によれば、最後の貸出しは、１９６２年だった。１９６５年4月2日に美術館にあることも記録上確認できたが、それ以降は誰も目にしていなかった。そして１９６９年から70年にかけて、10年ごとに行っている全収蔵品の確認調査（インベントリチェック）の結果、やはり「家畜商人」は紛失しているとの結論に達した。しかし、グッゲンハイム美術館は、この段階で、他の美術館等に対してこの情報を提供して協力を求めたり、ニューヨーク市警察、連邦警察、インターポールなどに届け出たりはしなかった。騒ぎ立てれば作品は盗人の元からさらに地下深くに潜ってしまい、取り戻すチャンスが無くなると考えたからである。1974年、グッゲンハイム美術館は、この作品を収蔵品リストから除外することにした。

シャガール作品の行方

1967年、ラベル夫妻は、ニューヨークのロバート・エルコン画廊からシャガール作のグアッシュ水彩画「家畜商人」を1万7千ドルで購入した。エルコン画廊によれば、この絵の元の持ち主は個人収集家とのことだった。ただし、後に、この売主は、グッゲンハイム美術館のメールルームで働いていたことが判明している。ラベル夫妻は、この絵を購入した後、エルコン画廊が1967年および1981年に開催した展覧会の際に、これを貸し出している。

1985年、ラベル夫人は、夫が亡くなったこともあり、この絵を処分するかどうかを検討することにし、画商を通じてオークション会社サザビーズに絵の写真を見せてオークションにおける評価額の見積もりを求めた。写真を見たサザビーズの職員は、たまたまグッゲンハイム美術館の元職員だったことから、彼女が勤めていた美術館から紛失した作品であることに気づき、そのことを美術館に知らせた。グッゲンハイム美術館は、こうして作品の持ち主を突きとめ、1986年1月、ラベル夫人に対しその返還を求めたが、夫人はこれを拒絶した。

そこで、1987年9月、グッゲンハイム美術館（原告）は、ラベル夫人（被告）にこの絵の返還を求めるため、ニューヨーク州裁判所に訴訟を提起したものである。

■裁判

ラベル夫人の言い分「美術館は誠実な捜索をしていない」

被告ラベル夫人は、「原告グッゲンハイム美術館は1960年代にこの作品を紛失し、被告は1967年にこれを購入したので、もはや出訴期間を過ぎており、原告は訴訟を提起することができない」と主張した。しかし、ニューヨーク州の判例法によれば、物品返還請求訴訟の出訴期間は、現所持者が元所有者から物品の返還請求を受けた後にその返還を拒絶した日から3年である。[†8] 原告による訴訟提起は、1986年1月に返還拒絶を受けた翌年の9月なので、出訴期間内に行われたことになる。そこで、被告の代理人弁護士は、【事件09】（デヴェールス対ボルディンガー事件）の連邦控訴裁判所におけるボルディンガー夫人の主張と同じように、「不合理な遅滞の法則」の適用により、原告の返還請求訴訟の出訴期間が過ぎていると主張した。すなわち、「原告は1960年代後半にはこの絵の紛失に気づいていたのに、1985年にたまたま見つけるまでの20年間、館内の捜索以外に、これを見つけるための努力を何も行っていない。このような場合に盗品であるとは知らずに一流画廊からこの絵を購入し、20年間所持してきた被告ラベル夫人から作品を奪うのは正義に反し許されない」というのが被告の主張である。

ニューヨーク州の裁判所と連邦裁判所の判断は異なってもよい？[†9]

1991年2月、ニューヨーク州の地方裁判所は、「ニューヨーク州の出訴期間制限法は『不合理な遅滞の法則』を適用しない」と判示し、被告の主張を斥けた。これは、【事件09】における連邦裁判所の判断に真っ向から反しているが、アメリカの法制度上、この点には何ら問題がないのである。どういうことかと言えば、アメリカは判例法国なので、裁判所が判決の理由として示した判断（判例）は法律と同じ効力がある。すなわち、その後の裁判所の判断を拘束し、異なる判断ができないとされている。しかし、この拘束力があるのは、同じ州の裁判所が下した判断だけである。たとえば、カリフォルニア州の裁判所が下した判断は、ニューヨーク州裁判所を拘束しない。同様に、連邦裁判所が州法について下した判断は、州裁判所の判例にはならないということになる。【事件09】は、合衆国連邦裁判所で審理され判決が下された事件なので、そこで、「不合理な遅滞の法則はニューヨーク州の出訴期間制限法にも適用される」という判断が示されたとしても、ニューヨーク州裁判所の裁判例ではない。よって、異なる判断をしてもかまわないのである。

被告ラベル夫人は、ニューヨーク州控訴裁判所（最終審）に上訴したが、判断は変わらなかった。裁判所は、そのように判断した理由として、1986年にニューヨーク州知事が出訴期間制限法修正案に対して拒否権を発動した事実を挙げている。その年、ニューヨーク州議会は、出訴期間制限法の修正案を可決した。「不合理な遅滞の法則」を法律上採択して、盗品とは知らずに購入した買主の保護を厚くするための修正案である。しかし、この法案は、ニューヨーク州知事が制度上許されている拒否権を発動したため、結局成立しなかった。ニューヨーク州知事は、その理由として、「この法律を採択すると、ニューヨークが外国で盗まれた文化財の売買をしたい者にとっての天国になってしまうから」と述べている。ニューヨーク州控訴裁判所は、「この経緯に鑑みれば、ニューヨーク州は所有者保護を重視するために『不合理な遅滞の法則』をとらないことが立法者と州政府の意思であることが明らかなので、裁判所が法の解釈でこれを変えるわけにはいかない」と述べた。

ただし、裁判所は、「本件に『権利行使懈怠《けたい》の法理』が適用されるかどうかについて、まだ検討の余地がある」と述べた。この聞き慣れない「権利行使懈怠の法理」という専門用語は、法律の定めではなく、「権利の上に眠る者（権利を行使しないままでいる者のこと）は保護に値しない」という考え方に基づく英米判例法上の一般的な法の原則を意味している。しかし、この法理が認められるかどうかを判断するにはさらに事実関係の審理を行う必要があるとして、本件を地方裁判所に差し戻した。

結論（和解の成立）

1993年12月における地方裁判所における審理の初日、原告と被告は、本件を和解で解決することに合意した。原告グッゲンハイム美術館は、被告ラベル夫人がこの作品の時価である20万ドルを超える金額（正確な額は公表されていない）を支払うことを条件に、被告がその所有者であると認めることにした。

こうして、シャガール作品「家畜商人」は、被告ラベル夫人の手元に残ったのである。

■事件の評価とその後

被害者と購入者、どちらが保護されるのか?

美術品を紛失した被害者と盗品とは知らずにこれを購入した現所持者の間で争いが生じた場合、どちらを保護すべきかという問題について、各国の法制度の間にかなり大きな開きがある。日本、フランス、イギリス、ドイツ、スイスなどは、盗品であることを知らずに画廊やオークションで美術品を購入した者は、直ちにまたは購入後一定の期間持ち(占有し)続けることにより所有権を取得することができるようにするための仕組みを定めている。

他方、アメリカの各州は、盗品の購入者は保護されないことを原則とするが、多くの州は、出訴期間制限法において、被害者が盗品の行方を誠実に探していれば現所持者が誰であるかわかったはずなのに、これを怠っていた場合、一定の期間を経過した後には裁判上の返還請求ができなくなる制度(不合理な遅滞の法則)を設けて、購入者の利益とのバランスをとっている。すなわち、日本やフランスでは購入者が盗品であることを知っていたかどうか、アメリカの多くの州では被害者が盗品の所在を誠実に探索したかどうかが決め手となる。

本事件の判決は、ニューヨーク州がどちらの制度もとらないこと、すなわち、現所持者が盗品と知らずに買ったのかどうかや被害者が探索していたかどうかにかかわらず、盗品は元の所有者に返還すべしとの方針をとることを明らかにした。盗品を取り戻そうとする者にとって、最も有利な制度である。ただし、ニューヨーク州にも「権利行使懈怠の法理」という大原則は存在し、明らかに不公平の返還請求は制限されることがある。

つまり、美術品を盗まれた被害者が外国にいる現所持者からそれを取り戻そうとする場合、どの国で裁判を起こすべきかの選択は、勝ち負けに直接影響する重要な検討事項であるということでもある。

デヴェールス対ボルディンガー事件（【事件09】）のその後の顚末

この事件のニューヨーク州裁判所は、ニューヨーク州は「不合理な遅滞の法則」をとらないことを明らかにした。ここで、本書の掲載順に先にモネ作品に関する【事件09】（デヴェールス対ボルディンガー事件）を読み終えた方は、気づかれたのではないだろうか。【事件09】において、連邦控訴裁判所は、ニューヨーク州の出訴期間制限法に「不合理な遅滞の法則」を適用し、元所有者であるデヴェールス夫人によるモネ作品の返還請求を拒んでいる。ということは、裁判所が間違った判断をしたことになるのではないか。

デヴェールス夫人も、本事件の判決を知り、黙って見過ごすわけにはいかなかった。１９９１年、彼女は、連邦裁判所に再び訴訟を提起し、裁判のやり直しを求めた。夫人は、「ニューヨーク州裁判所による本事件の判決に照らせば、【事件09】における連邦控訴裁判所の判決は法の解釈適用を間違っていたので、裁判をやり直して、ボルディンガー夫人に対し、モネの絵の返還を命ずるべきである」と主張した。

しかし、連邦控訴裁判所は、彼女の言い分を認めなかった。【事件09】の判決が下されたのは、ニューヨーク州裁判所が本事件の判決を下すよりも3年以上前（１９８７年12月）である。また、本事件の判決の主な理由は、１９８６年におけるニューヨーク出訴期間制限法の修正法案をめぐる経緯だが、【事件09】の両当事者はこの問題を全く取り上げていなかった。したがって、「本事件と【事件09】とで判決が異なるのは、３年の間に事情の変更があったか、あるいは当事者の主張が異なったことの結果であり、【事件09】の判決には、法律の解釈適用の誤りはなかった」というのが連邦裁判所の見解である。[†10]

結局、デヴェールス夫人は、父親から相続したモネの小品を、１９４３年に妹に預けた後は二度と目にすることができなかった。

■シャガールとその作品

マルク・シャガール（１８８７年－１９８５年）は、20世紀のパリで活躍したベラルーシ（当時はロシア）出身のユダヤ人画家である。彼は１９１０年にパリに赴いた後、ほどなく独自の画風を確立した。彼の絵の大半は、生まれ故郷の村の町、村人、動物たちなどを、ロシア民族画とピカソのキュビスムを融合したような表現と淡い色調により幻想的に描いたもので、その神秘性、暗喩性と優しさがパリの進歩的な市民に好まれ、彼はたちまち人気画家になった。しかし、そんな彼にも試練が訪れる。１９１８年、第一次世界大戦のためロシアに戻っていたシャガールは、生まれ故郷のヴィテブスクで美術学校を設立する。彼は、ウクライナ（同じく当時はロシア）出身の前衛美術家であるマレーヴィチを学校に招き、二人で協力して新しいロシアの芸術家を育てようと考えた。しかし、当時、「スプレマティスム（絶対主義）」という抽象絵画による究極的な芸術の確立を目指していたマレーヴィチにとって、シャガールのような画風は到底受け入れることができなかった。二人は激しく対立し、他の教師や学生たちもシャガールを時代遅れとみなしてマレーヴィチの側についた。結局、彼は厳しい批判に晒されて学校から追い出される。その後、マレーヴィチが進める芸術運動はロシア革命を先導する役割を担っていく一方で、シャガールはこれに適合できず忘れられていく。１９２３年、彼は逃げるようにしてフランスへ戻った。当時はフランスでも抽象美術が席捲していたが、シャガールはこれには関心を示さず、昔と同じ画風で、故郷の風景、動物、恋人たちの絵を描き続ける。その後、シュプレマティスムやアバンギャルドはブームを終えるが、シャガールの作品は、変わらず多くの人々に愛され続けている。

ラベル夫人が持ち続けることになった本事件の作品「家畜商人」は、シャガールがその画風を確立した１９１２年に、同じタイトルの油彩画のための習作（練習のために描いた絵）としてグアッシュ絵の具を用いて制作したもので、初期のシャガールらしい特徴がすべて凝縮されている。油彩画の方は、スイスのバーゼル市立美術館が所蔵している。

事件11
エゴン・シーレ「左足を折って椅子に座る女（トルソ）」、「黒いエプロンの女」、「顔を隠す女」とナチスの略奪
バカラー対ヴァブラ事件とライフ対ナーグ事件〔アメリカ〕

■事件の経緯

ナチスによる略奪と虐殺

ユダヤ系オーストリア人、フリッツ・グリュンバウム氏は、1930年代にウィーンのキャバレーで活躍した著名な歌手である。彼はまた、熱心な美術品収集家だった。彼のコレクション（グリュンバウム・コレクション）には、レンブラント、ドガ、ロダン、デューラーなどに加え、「左足を折って椅子に座る女（トルソ）」（作品1）、「黒いエプロンの女」（作品2）、「顔を隠す女」（作品3）をはじめとする81点のエゴン・シーレ作品が含まれていた。

1938年、ナチスがオーストリアに進攻して、ユダヤ人であるグリュンバウム氏は強制収容所に入

れられた。その後、ナチスは、５千マルクを超えるユダヤ人の財産をすべて没収する命令を発した。この命令に基づき、ナチスは、グリュンバウム氏に対して、彼の妻エリザベスに全財産を処分する権限を付与する内容の委任状に署名するよう強要した。１９３９年、ナチスはこの委任状により、エリザベスに夫の全財産の目録の作成を命じ、財産の提出を準備させた。ただし、それらの財産がナチスに没収されたのかどうかは記録上不明である。１９４１年、グリュンバウム氏は、収容所の中でナチスにより虐殺された。エリザベスもまた、強制収容所に入れられて、１９４４年に殺されている。

なお、エリザベスにはマチルダという妹がいた。彼女とその夫は１９３８年にウィーンを逃れ、ブラッセルに移住していた。マチルダは、グリュンバウム氏やエリザベスの財産の正式な相続人に指定されたことはない。

グリュンバウム・コレクションの相続人が定まるも、作品の所在は不明

グリュンバウム氏の血族のうち、第二次世界大戦後も生き残ったのは、彼の妹エリーズだけだった。エリーズは１９７６年に他界し、彼女の娘も亡くなっていたので、その甥にあたるミロス・ヴァブラ氏が残った。他方、エリザベスの親族には、彼女の又従弟にあたるレオン・フィッシャー氏がいた。２００２年、オーストリアの裁判所は、この二人がグリュンバウム氏の遺産の共同相続人であることを認めた。しかし、作品１、２、３を含むグリュンバウム・コレクションの所在は不明だった。

シーレ作品は、義理の妹マチルダからスイス、そしてニューヨークへ

作品1、2、3を含むグリュンバウム・コレクションの多くは、エリザベスの妹、マチルダの手に渡っていた。マチルダは、エゴン・シーレ作品65点をスイスのコーンフィールド画廊に売却した。1956年、コーンフィールド画廊は、これらの作品を販売するための販売カタログを公開した。このカタログには、これらの作品がグリュンバウム・コレクションに含まれていたこと、およびコーンフィールド画廊はグリュンバウム氏の義理の妹、マチルダからこれらを購入したことが記載されていた。翌1957年、ウィーン出身のニューヨークの美術商オットー・カリアがコーンフィールド画廊からこれらを購入した。

「左足を折って椅子に座る女（トルソ）」の買主による訴訟の提起（第1事件）

1964年、デイヴィッド・バカラー氏は、ニューヨークにあるオットー・カリアの画廊で作品1「左足を折って椅子に座る女（トルソ）」を購入した。彼は、作品1の出所がグリュンバウム氏の妻の妹であると聞いたので、この絵を所有者から購入したことについて全く疑いを抱いていなかった。

しかし、2005年、作品1を売却するためオークションに出品したところ、グリュンバウム氏の正式な相続人であるヴァブラ氏とフィッシャー氏が、その返還を要求してきた。そこで、同じ年、バカラー氏（原告）は、ヴァブラ氏ら（被告）に対して、この作品の正当な所有者は原告であることの宣告を求めて、合衆国（ニューヨーク南部地区）連邦地方裁判所に訴訟を提起した。これに対し、被告は反訴

を提起し、作品1の返還を求めた。

「黒いエプロンの女」と「顔を隠す女」の買主に対する訴訟の提起（第2事件）

ニューヨークの画商、リチャード・ナージ氏は、2013年、同業者であるトーマス・ギブソン美術画廊から作品2「黒いエプロンの女」を購入した。彼は、購入の前から、この絵が元々はグリュンバウム・コレクションに属し、彼の義理の妹マチルダが1956年にスイスのコーンフィールド画廊に売却した事実を売主から知らされていた。実は、ナージ氏は2005年2月にこの絵の持分の二分の一を同じ画廊から購入していたが、その後、作品1に関して、グリュンバウム氏の相続人とバカラー氏の間で所有権をめぐる裁判（第1事件）が提起されたことなどから、同じコーンフィールド画廊を通じてアメリカに持ち込まれた作品2についても出所に疑問を持ち、この売買を2011年にいったん取り消した。

しかし、第1事件の裁判は、2012年にバカラー氏の勝訴に終わった。ナージ氏は、そのことを知ったうえで、2013年に作品2の持分すべてを購入した。彼はさらに、2014年1月、作品3「顔を隠す女」も追加購入した。2015年、ナージ氏の画廊がこれら2点を売却するためにアートフェアに出品したことから、ヴァブラ氏らは、これらをナージ氏が所持していることを知り、その返還を求めたが、拒絶された。そこで、2016年3月、ヴァブラ氏ら（原告）は、ニューヨーク州裁判所にナージ氏（被告）に対する作品2、3の返還請求訴訟を提起した。

■「左足を折って椅子に座る女」（第1事件）の裁判[十二]

「権利の上に眠る者は保護に値しない」

作品1の所有権をめぐる裁判において、原告バカラー氏は、「本訴訟は、権利行使懈怠の法理（Doctrine of Laches）により許されない」との抗弁を主張した。「権利行使懈怠の法理」とは、法律の定めではなく、「権利の上に眠る者は保護に値しない」という考え方に基づく英米判例法上の一般的な法原則である。この法理が適用されるには、①返還請求を行う権利を有する者が相手方の所在を知っていたこと、または合理的な調査をすれば直ちにこれを知ることができたこと、②それにもかかわらず、長期間に亘り、権利行使をしなかったこと、③権利行使を懈怠したことにより、相手方が不利益を受けたこと、を立証しなければならない。

連邦地方裁判所は、原告バカラー氏の抗弁主張を認め、「被告ヴァブラらは、長期間に亘り権利の上に眠っていたので、もはや返還請求ができない」と判示した。すなわち、被告の大叔母エリーズは、自分がグリュンバウム氏の相続人であること、その相続財産に作品1が含まれていることを知っていたのに、グリュンバウム・コレクションの返還を求めるために何らの手続きをとらなかったし、フィッシャーもエリザベスの妹であるマチルダと交流があったのに、自身の権利を主張しなかった。結局、被告（エリーズ、ヴァブラ、フィッシャー）は、２００５年まで相続人として権利行使を懈怠していたことになるので、①と②の要件は満たされる。また、この間にマチルダが亡くなり、原告バカラー氏は、権利を正当に取得したことを証明するうえで最も重要な証人を失ったので、原告は被告側の権利行使懈怠により不利益を受けている。よって、③も充足するというわけである。

原告は上訴したが、連邦控訴裁判所も同じ判断だった。

結論

以上の結果として、2012年、連邦控訴裁判所は、「作品1の所有権は被告ヴァブラらではなく原告バカラーに帰属する」と判示した。

■「黒いエプロンの女」と「顔を隠す女」（第2事件）の裁判

ホロコースト略奪品返還法が適用される

原告ヴァブラ氏らがこの訴訟を提起したのは、彼らが第1事件で敗訴した後である。多くの法律家は、第1事件の結果に鑑み、この第2事件の原告ヴァブラらの返還請求が認められる可能性はかなり低いと予想した。しかし、第1事件から第2事件までの間に、合衆国連邦議会は、ナチス略奪品の返還に関する裁判に影響する重大な法律を制定した。ホロコースト略奪品の返還に関する連邦法（ホロコースト略奪品返還法）である。†12 これは、1998年12月に世界44か国の代表および諸国のNGOにより採択された「ワシントン原則」（ナチスに略奪された美術品の元の所有者への返還を目指すことの合意）を実現し、米国内でナチス略奪品が被害者の遺族に確実に返還できるようにするため制定されたものである。[13] 被告ナージ氏は、「グリュンバウム・コレクションがナチスに略奪されたかどうかについて原告は立証できていない」と主張し、ホロコースト略奪品返還法の適用を争ったが、裁判所は、ナチスが収容所に入れたグリュンバウム氏に対して妻エリザベスに対する財産処分の委任状を強要した事実を捉え、「本件はホロコースト略奪品返還法が適用される」と述べた。もっとも、ホロコースト略奪品返還法が具体的に定めたのは、各州がそれぞれ定めている出訴期間制限に関する州法を修正し、ホロコーストの期間中、すなわち1933年から1945年までの間にナチスの迫害によって失った美術品の回復に関する訴訟は、出訴期間制限法の定めにかかわらず、美術品の所在とこれを持っている者が見つかったときから6年の間は提起できるようにしたことだけである。

しかし、裁判所は、「ホロコースト略奪品返還法は、ナチス略奪品に関するアメリカの国家政策を示し、この問題に関する裁判所の方針を支配する」との考え方を示した。[14] そして、「権利行使懈怠の法理」の抗弁主張に対し、被告ナージ氏は、作品2、3がグリュンバウム・コレクションに含まれていた事実、原告ヴァブラ氏らがこれらの所有権を主張していた事実、マチルダが1976年に亡くなった事実をすべて知りながらこれらを2013年に購入したこと、およびその購入代金が相場よりもかなり低かったことなどを指摘し、「本件には権利行使懈怠の法理は適用されない」と判示した。[15]

結論

２０１９年７月、ニューヨーク州地方裁判所控訴部は、被告ナージ氏に対し、作品２、３の原告への返還を命じた。裁判の間にヴァブラ氏、フィッシャー氏は他界し、相続財産管理人ライフ氏とフランケル氏が訴訟を引き継いでいたので、作品はこの二人に引き渡された。

■事件の評価

「盗人は盗品の所有権を移転できない」

アメリカは、盗品や略奪品の返還請求に関して、他の国と比べて被害者に有利な法制度を採っている。すなわち、「盗人は盗品の所有権を移転できない」という原則を徹底し、日本の民法の即時取得やスイスなどの取得時効のような、盗品と知らずに購入したことによって占有者が所有権を取得する仕組みは存在しない。この原則の例外にあたるのは、各州が定めている出訴期間制限法と判例法上の「権利行使懈怠の法理」だが、これらは容易には適用されない。

とりわけ、ニューヨーク州裁判所は、「ニューヨークを美術品犯罪の温床にはしない」ため、出訴期間制限法について他の州法よりも被害者に圧倒的に有利な解釈をし、ニューヨーク州では、被害者は、現占有者や盗品の所在をいつ発見したかあるいは発見することができたかにかかわらず、現占有者に返還を求めたのに拒絶されたときから3年間は訴訟を提起できることになっている。第1事件の判決は、ニューヨーク州の裁判において、現所持者に有利な判決が得られるのは、「権利行使懈怠の法理」の適用がある場合くらいしかあり得ないことが示された。さらに、第2事件では、ホロコースト略奪品返還法制定後のナチス略奪品の取戻しに関する裁判において「権利行使懈怠の法理」を主張しても、ほとんど認められる余地がないことが示された。

ニューヨークで美術品の取引をする者は、ナチス略奪品だけは絶対に購入しないように最大限の配慮が必要である。

■エゴン・シーレとその作品

エゴン・シーレ（１８９０年－１９１８年）は、クリムトと並び、19世紀末ウィーンを代表する画家である。彼は16歳でウィーン美術アカデミーに合格し、17歳のときにクリムトに才能を見出されその弟子になり、20歳頃までに独自の画風を確立し、１９１１年に最初の個展を開催している。しかし、当時の彼の作品は、不自然に捻じ曲げたポーズをとった不機嫌そうな表情の人物画や自画像、露骨でエロティックな裸体画など、鑑賞者に挑みかけるようなものが多く、優美な画風に慣れ親しんだウィーン市民には刺激が強すぎて受け入れられなかった。作品2「黒いエプロンの女」（１９１０年作）や作品3「顔を隠す女」（１９１２年作）は、その頃の作品にしてはかなり大人しいので、美術品収集家グリュンバウム氏の目に適ったようだ。

作品1「左足を折って椅子に座る女（トルソ）」（１９１７年作）は、彼が27歳の頃に妻エディットにポーズをとらせてその首から下だけを描いた素描画で、彼の最高傑作ともいわれる「膝を曲げて座る女」（プラハ国立美術館蔵）のための習作である。

この事件の作品1、2、3はいずれも個人蔵だが、同じくグリュンバウム・コレクションに属することがわかっている作品の中には美術館に収蔵されているものもある。ウィーンのレオポルド美術館にある「廃墟の町Ⅲ」という風景画である。シーレが彼の生まれ故郷であるチェコの田舎町、クルマウを描いた油彩の小品で、1958年にエゴン・シーレ作品の収集家として名高いレオポルド博士がオットー・カリアの画廊から購入し、彼の美術館に収蔵された。1998年、グリュンバウム氏の相続人である本件のヴァブラ氏らは、この絵がニューヨーク近代美術館の展覧会に貸し出された折、返還請求訴訟を起こすために差し押えようとした。しかし、ニューヨーク州法上、展覧会のために外国から借り入れた美術品の差押えは禁じられているので、ヴァブラ氏らの試みは不成功に終わり、作品はレオポルド美術館に返却された。よって、とりあえず今のところは、ウィーンに行けば「廃墟の町Ⅲ」を観ることができる。

事件12

ウテワール「聖家族、聖エリザベスと聖ジョン」と誠実な取引？

ゴータ市対サザビーズ〔イギリス〕

■事件の経緯

ソ連軍の占拠後、ウテワール作品は紛失

オランダの画家ウテワールが１６０３年に描いた「聖家族、聖ジョンと聖エリザベス」という油彩画（以下、「ウテワール作品」）は、ドイツのザクセン゠コーブルク゠ゴータ公爵家が所有していた。しかし、第一次世界大戦後のドイツ共和国が貴族制度を廃止したため、この絵を含む公爵家の美術品は、旧東ドイツにあるゴータ市が新たに設立したザクセン゠コーブルク゠ゴータ財団に移管された。それ以降、この絵を含む財団の美術品は、ゴータ市の宮殿美術館に収蔵され展示されてきた。

第二次世界大戦終結後の１９４５年10月、東ドイツ政府（当時）が発した命令および法律により、ゴータ市の宮殿美術館に収蔵されていたすべての美術品はドイツの国有財産となった。

しかし、ゴータ市は、１９４５年7月から１９４６年7月までの間、ソ連軍に占拠されており、ウテワール作品は、ソ連軍が撤退するまでの間に紛失していた。

サザビーズへの出品とウテワール作品の発覚

１９９２年3月、ゴータ市は、ロンドンのサザビーズが4月に実施するオークションにウテワール作品が出品されていることを知った。ゴータ市は、代理人を通じて、サザビーズに対し、この作品が第二次世界大戦後にゴータ市の宮殿美術館から盗まれたものであることを通知し、その返還を求めた。この絵をサザビーズに持ち込みその売却を依頼したのは、コバート・ファイナンス（コバート）というパナマ共和国の法人だった。

１９９８年、旧東ドイツを統合したドイツ連邦共和国（原告）とゴータ市は、コバート・ファイナンス（被告）およびサザビーズに対してこの絵の返還を請求するため、ロンドンの高等法院に訴訟を提起した。

■裁判†16

コバートがウテワール作品を購入するまでの経緯

裁判を通じて、ウテワール作品は、1946年頃に宮殿美術館から紛失した後に以下の経過を辿ってサザビーズに持ち込まれたことがわかった。

① この絵は、ソ連軍によりソ連（現ロシア）へ運び込まれ、その後、一人の将校（氏名不明）が退官の際に持ち帰った。

② 1980年代の中頃、ロシア人マーキンは、ソビエト軍元将校の代理人という者からこれを預かり、その処分を依頼された。

③ マーキンは、ドイツ人商人フィルストにこれを売却した。フィルストは、この絵を転売するため、トーゴ共和国（アフリカ）の在ソビエト大使夫人であるミセス・ディケーニ（通称「ビッグママ」）に、これを西ドイツに運ぶことを依頼した。ビッグママは1万マルクの手数料でこれを引き受けた。

④ 1987年、ビッグママは、フィルストからこの絵を受け取り、ベルリンに持ち込んだが、フィルストの指定した相手には引き渡さずに、ロードという男にこれを預けた。その後、フィルストは、絵画の所在を探したが見つけ出せなかった。

⑤ 1988年、ロードは、ウテワール作品をミーナ・ブレスノフという女性に売却した。その年の11月、ミーナは、ロンドンのサザビーズにこの絵を持ち込んで売却を依頼、翌1989年3月に被告コバー

トがサザビーズを通じてミーナからこれを購入した。

⑥ 被告コバートは、この作品をロンドンのミーナの代理人にそのまま預けていたが、1992年、サザビーズにその売却を依頼した。

30年が過ぎれば返還されない？

イギリス法上、美術品を盗まれた者は、その所有者であったことを証明すれば、現に所持している者に対して返還や損害賠償を請求することができる。

裁判所は、証拠に基づき「1946年1月、ゴータ市を占拠していたソ連軍は、宮殿美術館にある美術品を戦利品としてロシアに運び出した」という事実を認定した。原告ドイツ連邦共和国は、それより前（1945年11月）に旧東ドイツ政府が発した収容命令によりこの絵の所有権を取得していたので、盗品を所持している被告コバートに対してその返還を請求できる。

これに対し、被告コバートは、「ドイツ民法が定める消滅時効により、もはや返還を請求できない」と反論した。「消滅時効」とは、物品等の引渡し請求権や貸金の返還請求権などの権利を行使せずに、法律が定めている一定の期間が経過した場合に、その権利を消滅させてもはや請求できないようにする制度のことである。ドイツ民法は、「物品所有者の所持者に対する返還請求権は、請求権が発生した後30年が経過したときは行使できない。所持者から占有を引き継いだ者に対しても同様とする」と定めている。少し難しいが、「占有」とは、物品を所持して自ら使用したり、他人に見せたり貸したり預けたりなど、周囲の者の目には所有者のように見える状態で物品を現実に支配していることをいう。そして「占有を引き継いだ者」とは、そのような状態で物品を支配する者（占有者）から売買や相続によりその物品を譲り受けた者のことを意味する。被告コバートは、「ゴータ市がこの絵をソ連軍により持ち去られた1946年からすでに30年以上が経過し、被告はその占有をソ連軍およびフィルストから引き継いでいるので、消滅時効が成立している」と主張した。

裁判所は、本件における原告ドイツ連邦共和国の請求（つまり、ドイツにおいて取得した所有権に基づく返還請求）に、ドイツ民法の消滅時効が適用されることを確認した。[†18] しかし、ウテワール作品の受渡しに関する前述の認定事実の④によれば、この絵は1987年にビッグママまたはロードによって横領されたと判断できる。したがって、ソ連軍からフィルストに引き継がれた占有はこのときに途切れている（これを「占有の中断」という）。ドイツ民法は、「占有が中断したときは、新たに占有した者に対する返還請求権の消滅時効はそのときから30年とする」と定めているので、被告コバートが引き継いだのは、1987年以降に開始した占有に過ぎない。すると、この訴訟が提起されたのは1998年なので、裁判所は、「原告の被告に対する返還請求権の消滅時効は、まだ成立していない」と判示したのである。

イギリスの公共政策にも反する

原告ドイツ連邦共和国は、被告コバートによるドイツ民法上の消滅時効の主張に対し、「仮に時効期間が過ぎていたとしても、本件に消滅時効を適用するとイギリスの公共政策に反するので、被告の主張は認められない」と反論した。裁判所は、「本件でウテワール作品の取引に関与したマーキン、フィルスト、ビッグママ、ロード、ミーナおよび被告コバートは、いずれもこの絵がドイツで盗まれた物であることを知っていた」と認定し、「泥棒や盗品と知っていた者に対して、時間の経過だけによって利益を与えるのは、イギリスの公共政策に反するので、ドイツ民法の消滅時効の期間が仮に中断していなかったとしても、本件にはこれを適用できない」と述べた。†19

結論

以上の理由で、1998年9月、裁判所は、原告ドイツ連邦共和国の返還請求を認めると判示した。

■事件の評価

イギリスでは誠実な取引をした者は保護される

美術品を紛失した被害者と盗品とは知らずにこれを購入した現所持者の間で争いが生じた場合、どちらを保護すべきかという問題について、イギリスは、「いかなる買主も売主が有している権利以上のものは取得できない」という原則を徹底するアメリカとは異なり、盗品とは知らずに購入した者が所有権を取得できるようにするため、三つの仕組みを定めている。

第一に、「1980年出訴期間制限法」(出訴期間制限法)により、第三者が盗品を「誠実な取引」により購入した後6年が経ったとき、その所有権は、その現所持者に移転する。「誠実な取引」とは、盗品であることを知らない者が、盗品であるかどうかを疑うべき事情がない状況のもとで行う普通の売買取引のことである。したがって、美術品取引業者等から美術品を購入した者は、それが盗品であったとしても、そのことを知りながら買った場合でない限り、購入後6年が経ちさえすればその返還請求を受けるおそれはない。[20]

第二に、美術品を外国で紛失した者がイギリスで返還請求する場合は、「1984年外国出訴制限期間法」に基づいて、イギリスの出訴期間制限法に加え、物品が盗まれた国の消滅時効制度も適用され、その制限を受ける。[21]

第三に、イギリス国内で紛失した美術品が外国に持ち出され、即時取得など、盗品であることを知らずに買った者を保護するための制度が存在する国で売却され、その国の法律により買主が所有権を取得した場合、その美術品が再びイギリスに持ち込まれたとしても、元所有者は買主に対してその返還や損害賠償を請求することができない。

本事件において、被告は、このうちの第二の制度に基づいて、ドイツの消滅時効制度の適用を主張した。しかし、裁判所は、ドイツの消滅時効が成立するための要件を検討のうえ、「本件では消滅時効の期間は経過していない」と判断した。この事件における裁判所の判決のうち特に重要なのは、「盗品と知りながら取引に関与した者を保護するのはイギリスの公共政策に反するから外国法を適用しない」と判示した点である。[22] 日本の民法にも、20年間占有を続ければ盗品と知っていた場合でも所有権を時効により取得することを認める規定（民法１６２条1項）があるが、本事件の判決によれば、イギリスでこの主張をしても認められない可能性がある。

なお、アメリカの裁判では、外国法上の即時取得、消滅時効、取得時効などの制度の適用を主張しても滅多に認められない。各州の裁判所が、外国法よりも自州の法律を優先して適用するために独自のルールを定めているからである。

■ウテワールとその作品

ヨアヒム・ウテワール（１５６６年－１６３８年）は、オランダ・マニエリスムを代表する重要な画家・銅版画家である。マニエリスムとは、１５２０年代以降、イタリアを中心に、ルネサンス後期の完成された様式を応用し、洗練された複雑な表現手法により、自然を超える優美な芸術を追求した美術の傾向のことである。マニエリスムの作品は、長く引き伸ばされた人体、不自然な姿勢、あいまいな主題、不安定な構図等を共通の特徴とし、わざとバランスや比率を乱して描いたものなどが多い。

ウテワールが活躍した16世紀末から17世紀初頭は、もはやイタリア・マニエリスムの時代は終わり、オランダでも自然主義的な様式が流行っていたので、ウテワールは最後のマニエリストと言われる。しかし、彼はイタリアで学んできた様式を北欧風に消化した優雅な人物像作品を生み出し、生涯を通じて人気画家だった。

16世紀後半、明快で劇的な描写を特徴とするバロック様式が生まれると、マニエリスムはたちまち衰退する。ウテワールも、レンブラントやフェルメールなどが登場した頃には忘れられ、オランダとドイツ以外の国ではあまり知られていない。

マニエリスムは、20世紀以降も、技巧的で独創性のない作風（マンネリ）という消極的な意味に理解されていた。しかし、近年に至り、ルネサンス美術の限界を打破してバロック美術に繋げた特異な芸術現象として、その重要性が見直されるようになった。ウテワールの作品も、ポントルモ、ブロンツィーノ、パルミジャーノなどのイタリア・マニエリストたちの後を追って、今世紀に入ってから再評価が始まった。2015年から2016年にかけて、オランダ・ユトレヒトの中央美術館、アメリカのワシントン国立美術館、ヒューストン美術館およびゲッティ美術館は、ウテワールの没後初めて、彼の回顧展を巡回展として開催している。

本事件の作品「聖家族、聖エリザベスと聖ジョン」は、ドイツ連邦共和国に返還された後、ゴータ市の宮殿美術館に戻されている。彼のそれ以外の作品は、アムステルダム国立美術館（「羊飼いへの受胎告知」1595年－1603年）、メトロポリタン美術館（「黄金時代」1605年）、ルーヴル美術館（「アンドロメダを救うペルセウス」1611年）、ロンドン・ナショナル・ギャラリー（「パリスの審判」1615年他）などで観ることができる。

Ⅳ

アートの真贋

美術品の真贋が裁判所で争われた場合、作品が真作であること、または贋作であることを主張している当事者が真贋の立証をしなければならない。作品が真作であることを立証しようとする当事者は、その鑑定書や出所来歴を示す書類があるときはこれを提出し、それらが不十分な場合は、専門家による鑑定を申請する。裁判所は、鑑定人の資格や社会的評価、鑑定意見書自体の合理性と信用性、鑑定人の中立性、反対尋問における鑑定人の反応、態度などを総合的に評価し、鑑定人の意見が信頼できるかどうかを判断して、鑑定結果の採否を決め、これに従って美術品の真贋を認定する。

このように、裁判所の判断は、個々の事件において当事者がどのような証拠を提出したか、誰を鑑定人に選んだか、鑑定人がどのような意見書を提出したか、法廷における反対尋問でどのような態度で何を話したか、そして裁判官がこれらをどう評価したかに左右される。美術品の真贋に関する紛争における裁判所の判断は、歴史上の真実として「真作」または「贋作」であるかどうかではなく、法律の立証責任の分配という法則に従って、裁判官が想定する一般人の観点から50パーセントを超える確率で「真作らしい」または「贋作の疑いのある」作品といえるかどうかを基準としている。

【事件13】および【事件14】は、他人が所有する美術品を「贋作」と述べた者に対して、所有者が名誉毀損による損害賠償を求めた事件、【事件15】および【事件16】は、オークションハウスが「作品が贋作と判明した場合は落札者に代金を返金する」と約束していた場合において、落札者が「贋作」であると主張して代金の返金を求めた事件である。それぞれの裁判所がどのようにして「贋作」の認定をしたのかを見ていけば、裁判所の判断が客観的な真贋と一致するとは限らないことがわかるだろう。

事件13

二枚のダ・ヴィンチ「美しきフェロニエーレ」？

ハーン対デュヴィーン事件［アメリカ］

■事件の経緯

二枚の「美しきフェロニエーレ」

第一次世界大戦中にフランスに駐留していたアメリカ空軍大尉のハリー・ハーンは、フランス人女性アンドレーと恋に落ち、二人は結婚した。その折、アンドレーの叔母であるルイズ・デ・モントー伯爵夫人は、彼女に結婚祝いとして美しい婦人の肖像画を贈った。１９１６年、フランス美術の権威であるジョージ・ソルテは、この絵はレオナルド・ダ・ヴィンチの真作であると断言した。実は、この絵と全く同じ人物を描いた「美しきフェロニエーレ」という題名の作品《口絵04》があり、作者名は「ダ・ヴィンチに帰属（Attributed to Leonardo Da Vinci）」と表示されてルーヴル美術館に展示されていた。「ダ・ヴィンチに帰属」という表示は、その作品がダ・ヴィンチ作と推定されるが、証明はできていないという意味である。この肖像画については、1848年にルーヴルから紛失し、その後再び見つかったという事件が知られていた。ルーヴルの所蔵作品とハーン夫人に贈られた作品のうちの一方が偽物なのか、それともダ・ヴィンチが同じ絵を二枚描いたのかは謎だったが、ハーン夫人は、叔母からもらったこの絵をダ・ヴィンチの真作と信じていた。

「フェロニエーレ」は贋作？

1920年、ハーン夫妻は「美しきフェロニエーレ」を持ってアメリカのカンザス・シティに移住し、これをカンザス・シティ美術館に25万ドルで売却することにした。アメリカで、これは大きなニュースとなった。当時、アメリカには、ダ・ヴィンチの作品は一つもなかったからである。アメリカの新聞社、ニューヨーク・ワールド社は、イギリスの著名な美術商であるジョセフ・デュヴィーン卿に電話でこの件についてインタヴューを申し込んだ。デュヴィーン卿は、ヨーロッパの巨匠が描いた美術品をアメリカの富裕層に売りさばくことで名を馳せていた。デュヴィーン卿は、ハーン夫人の絵の実物も写真も見たことがなかったが、新聞記者の質問に対し、「ハーン夫人の作品は模写で、本物のダ・ヴィンチの真作はルーヴルにある。」と答えた。

彼のコメントを載せた記事を読んだ米国民の間で、ハーン夫人の「ダ・ヴィンチ」が贋作との噂は瞬く間に広がり、カンザス・シティ美術館は購入を取りやめた。

この絵の持主であるハーン夫人は、「デュヴィーン卿の発言のせいでカンザス・シティ美術館への売却ができなかったのみならず、今後の売却処分が困難になった」と主張し、デュヴィーン卿に対し、名誉毀損による損害賠償を求める訴訟をニューヨーク州の地方裁判所に提起した。彼女が請求した賠償金50万ドルは、当時の相場としては法外な金額だった。

■裁判

ハーン夫人の作品が真作か？　ルーヴル作品が真作か？

アメリカの名誉毀損の裁判で原告の損害賠償請求が認められるためには、被告が第三者に対して原告の社会的評価を傷つける事実を告げたこと、および被告が告げた事実が真実ではないことを原告が証明しなければならない。したがって、原告ハーン夫人は、十二人の陪審員に対して、被告デュヴィーン卿が新聞記者に告げたことが真実ではないこと、すなわち、彼女が所有する「美しきフェロニエーレ」はダ・ヴィンチの真作であることの証拠を示して説得する必要があった。

これらの点に加え、アメリカの名誉毀損に関する法律では、原告は、被告が真実ではない事実を告げたことについて故意または過失があること、すなわち、合理的な根拠なしに虚偽の事実を告げたことも立証しなければならない。しかし、この点について、原告の代理人は、被告デュヴィーン卿がインタヴューに応えた際にこの絵の写真すら見ていなかったことを指摘し、少なくとも被告には過失があったと主張した。これに対し、デュヴィーン卿は、「自分は、ルーヴル美術館にある作品が真作であることを知っていた。ダ・ヴィンチは複製画を描かないので、ルーヴル作品と同じ絵があるとすれば、それがダ・ヴィンチ以外の者の手による複製であることは、見なくても合理的に判断できた」と反論した。このやりとりの結果、「原告ハーン夫人の作品がダ・ヴィンチの真作であるかどうか」という点に加え、「ルーヴル作品はダ・ヴィンチの真作であるかどうか」という点も本裁判の争点に加わったのである。

デュヴィーン卿による鑑定依頼

被告デュヴィーン卿は、二つの作品の真贋を証明するために、審理が始まる前に派手な演出を行うことにした。彼の要請に基づき、アメリカとフランスの二つの「美しきフェロニエーレ」がルーヴル美術館の中に並べて置かれ、ルネサンス美術の権威者十人に、どちらが真正でどちらが偽物かに関する鑑定を依頼したのである。この十人は、世界で最も高名な美術史家バーナード・ベレンソン、メトロポリタン美術館のキュレーターで芸術家のロジャー・フライ、ルネサンス美術専門家ハバート・クック卿、美術評論家モーリス・ブロックウェル、エジンバラ・ヘリオット・ワット大学教授の化学研究者アーサー・ピラン＝ローリー、インペリアル戦争美術館所長マーチン・コンウェイ爵、ダブリンのアイリッシュ・フリー・ステート美術館元館長で美術評論家のロバート・ラングトン＝ダグラス、ロンドン・ナショナル・ギャラリー館長チャールズ・ホームズ卿、ルーヴル美術館の元館長レオンス・マリ・ニコル、アムステルダム美術館のシュミット・デグナー館長といった面々である。この鑑定の結果、「ルーヴルの絵が真作で、ハーン夫人のものは贋作」というのが専門家全員の一致した意見だった。デュヴィーン卿は、彼らの意見書を裁判所に提出した。

デュヴィーン卿は、これにより原告ハーン夫人は請求を諦めると思っていたようだが、ハーン夫人は「専門家の意見など当てにならない。」と述べて少しも怯まなかった。

素人陪審員と美術専門家

1929年2月、ニューヨーク州地方裁判所において、いよいよ本事件の事実審理手続きが始まった。2月18日号のタイム誌によれば、このときに陪審員に選ばれたのは、二人の銀行員、二人の不動産屋、秘書、会計士、ワイシャツの仕立屋、高校の美術教師、ポスター描き、室内装飾師、婦人服販売人および失業者だった。

原告ハーン夫人が準備した専門家証人は、X線検査の結果に基づき、原告の作品の下方には、後年における帯状の塗り重ねがあること、その塗り重ねの下に描かれた部分は、「1709年にダ・ヴィンチ作『美しきフェロニエーレ』を見た」という者が発表したカタログに記載された描写に符合していることを説明した。

これに対し、被告デュヴィーン卿の側からは、二つの絵画を見比べた十人の専門家が次々に証言台に立ち、「ルーヴル作品が真作で、原告ハーン夫人の作品は贋作」との意見を述べた。ただし、被告の鑑定人たちは、真贋を判断した根拠として、「作品を見たら第一印象でわかった。」とか「専門家にとって直感が重要。」と説明しただけで、素人の陪審員を説得できるような根拠を述べなかった。しかも、十人中九人は、絵の具の成分やパネルの材質の検査などの化学鑑定や技術的な測定方法のことはほとんど何も知らなかった。

たとえば、ルネサンス美術史の世界的権威であるベレンソン氏は、原告ハーン夫人の代理人弁護士が「絵の具の顔料を溶かすのにクルミ油とアマニオイルを使った場合とでどのような違いがありますか？」と反対尋問において質問したのに対し、「知らない。それは私の関心事ではない。」としか答えていない。彼が「真作である」と証言したルーヴル作品については、原告代理人の「その絵はカンヴァス画ですか、それとも板絵ですか？」との質問にすら答えられなかった。

他の証人たちも同じようなものだった。しかも、ベレンソン氏を含む数人の証人たちは、過去の論文やインタヴューなどにおいて、「ルーヴル美術館の『美しきフェロニエーレ』は、ダ・ヴィンチ本人ではなく、ミラノ派の画家またはダ・ヴィンチの弟子が描いた作品の可能性が高い」との見解を発表していたことがわかった。これは、「ルーヴル作品は間違いなくダ・ヴィンチの真作」とする法廷での彼らの証言と矛盾する。また、ベレンソン氏をはじめとする数名の証人は以前からデュヴィーン卿と取引があった。こうした経緯から陪審員たちは、彼らが被告デュヴィーン卿に媚びて意見を変えたのではないかとの疑いを持った。

裁判では、デュヴィーン卿本人が証言を偽っていることも原告に暴かれた。法廷で、デュヴィーン卿は「ルーヴル作品が真作との見解をこれまで一度も変えたことがない。」と証言していたのにもかかわらず、ハーン夫人の作品に関する新聞記者のインタヴューを受けた直後、記者宛てに「ルーヴルの『フェロニエーレ』はダ・ヴィンチの弟子による作品とする権威者たちの見解を私も支持している。」という内容の手紙を出していた。

陪審員の評決

審理の後、陪審員たちは、14時間に及ぶ評議をしたが、原告ハーン夫人の作品がダ・ヴィンチの真作なのかどうかについて、意見の一致を得られなかった。ヘラルド・トリビューン紙によれば、陪審員の間では、彼女の作品を真作とする意見の方が九対三の多数だった。しかし、裁判制度上、陪審員の評決は、全員一致を要するので、評決ができなかった以上、新しい陪審員を選んで、審理をやり直す必要がある。

被告デュヴィーン卿は、これ以上の証拠調べをしなくても裁判所が判断できると主張し、裁判所に対し、陪審員の選び直しをせずに請求を棄却する判決を求めた。しかし、裁判所は、「原告の作品がダ・ヴィンチの真作であることを原告が立証するためには、新しい証拠を陪審員に判断してもらう必要がある」と述べてこの申立てを斥けた。†2

結論（和解の成立）

結局、再審理の日程が決まる前に、原告ハーン夫人と被告デュヴィーン卿は、この事件を和解によって解決することに合意した。被告が原告に対して和解金として6万ドルを支払い、彼女の弁護士費用も負担することで、原告はこれ以上の請求をしないことにした。和解条項は、本件の作品が真作か贋作かという問題には言及していない。

■事件の評価とその後

裁判における真贋鑑定の限界

この事件は、著名な絵画の真贋が裁判において本格的に争われた事件として名高い。美術品の真贋の立証は、専門家の意見によらざるを得ないが、この裁判の結果は、アメリカの陪審裁判においては、世界最高峰の権威者が鑑定意見を出しても、採用されないことがあるという現実を明らかにした。

本事件はまた、X線による科学的検査の結果を美術品の真贋を証明するための証拠として用いた最初の裁判でもある。しかし、訴訟において原告が提出したX線検査の結果は、真作の可能性を多少高めたかもしれないが、その効果が決定的であったわけではない。

二枚目の「フェロニエーレ」のその後

デュヴィーン卿が贋作と決めつけたハーン夫人の「美しきフェロニエーレ」は、和解では真贋をあいまいにされたものの、その後も買い手がつかなかった。その後、ハーン夫人（アンドレー）は、ハリーと離婚し、この絵をフランスに持ち帰った。２０１０年、この「美しきフェロニエーレ」は、アンドレーの娘ジャクリーヌにより、サザビーズのニューヨーク・オークションに出品された。作品の表示は、「１７５０年より以前にダ・ヴィンチの追随者が作成した作品」とされていた。これは１９９３年にダ・ヴィンチの専門家マーチン・ケンプ教授が行った鑑定および最近の科学的検査の結果である。サザビーズによる落札予想価格は30万ドルから50万ドル、最終的な落札額は１５０万ドルだった。そしてその後、この絵は公開されていない。

「美しきフェロニエーレ」の真作は、もちろん今もルーヴル美術館にある。こちらの作者名の表示は、「ダ・ヴィンチに帰属（attributed to Leonardo Da Vinci）」から「ダ・ヴィンチ作（Leonardo Da Vinci）」に変更されている。

■美術商ジョセフ・デュヴィーン

ジョセフ・デュヴィーン（１８６９年－１９３９年）は、今日に至るまでの歴史上、世界の美術市場に最も大きな影響を与えたイギリス人の美術商である。彼は、父親の骨董店を引き継いだ後、ヨーロッパの没落貴族が手放した美術品をアメリカの新興成金たちに売りつけるというビジネスモデルを考え出し、本社をニューヨークに移してこれを実践することにより大成功を収めた。アメリカは、１８６１年から１８６５年までの南北戦争の後に急速に発展した新興の実業家たちが、蓄えた富の健全な使い道として美術品の収集に目を向けるようになっていた。他方、ヨーロッパは、アメリカから安価な農作物が大量に輸入されるようになったことにより農業が大打撃を受け、農地の賃貸を主な収入源にしていた貴族たちは、代々に亘り所蔵してきた美術品コレクションを維持できなくなっていた。デュヴィーンは、ルネサンス、バロック期の巨匠の作品を貴族たちから買い取り、アメリカのニューリッチに売却し続けた。その得意先には、ヘンリー・フリック、ウィリアム・ラドルフ・ハースト、ヘンリー・ハンティングトン、サミュエル・クレス、アンドリュー・メロン、J・P・モルガン、ジョン・ロックフェラーなど、アメリカを美術大国にした著名な美術品収集家たちが名を連ねている。彼らに美術品を売却する際には、それが真作であることを証明する必要があるので、美術史の権威であるバーナード・ベレンソンを顧問に抱え込み、新たな鑑定書を次々に発行してもらった。そのうえで、顧客たちには「ベレンソンのお墨付きがない作品は買うべきではない」と教え込んで、ライバルとの取引を阻止した。彼はさらに、この事件が象徴するように、他の画商が扱う美術品を「贋物」と言い放つなどして、商売敵の邪魔をし、アート市場を独り占めしようとした。

デュヴィーンは、顧客が好みそうな美術品の収集に執念を燃やしたが、金銭への執着は薄かった。彼は、イギリスの美術館に多くのコレクションを寄贈し、また美術品や建物の修復・拡張工事のために多額の寄付をするなどの慈善活動を尽くした。大英博物館にあるパンテオン神殿の彫刻・彫像群（いわゆるパンテオン・マーブル）は、彼の寄付金により建てられたデュヴィーン・ギャラリーに収められている。テート美術館の拡張工事も彼の寄付金によっている。このような活動が認められ、彼は１９１９年にナイトの爵、１９２７年に一代男爵、１９３３年には世襲制のデュヴィーン男爵の称号を受けている。

強引で強権的な彼の商法は、ライバルの美術商からはよく批判されたが、今日のアメリカが世界の一流美術品と一流アーティストが集まるアート大国になったのは、金満家たちに本物の美術品を教えて売り続けた彼の功績によることは誰もが認めている。デュヴィーン卿は、現在も美術商の手本とされ、世界の多くの美術関係者の尊敬を集めている。

事件14

佐伯祐三の未発表作品群の真贋

佐伯祐三贋作事件［日本］

■事件の経緯

未公開の佐伯祐三作品の武生市への寄贈申入れ

1994年8月、福井県武生市は、福井県遠野市に居住する吉薗明子氏から、佐伯祐三の未公開の絵画38点の寄贈の申入れを受けた。これらは、佐伯祐三夫妻と親交があった吉薗氏の父親（吉薗周蔵）が、佐伯祐三本人から譲り受けた作品の一部とのことだった。

武生市は、この寄贈品に加えて吉薗氏から11点の油絵を購入し、市内に「佐伯祐三美術館」を建設する計画を立て、その年の12月にこの計画を発表した。

しかし、武生市の発表後、東京美術倶楽部鑑定委員会は、その前年に吉薗氏から持ち込まれた絵画46

点を検査した結果、すべて数年以内に描かれた贋作と鑑定していたことを公表した。その主たる理由は、カンヴァスが新し過ぎるということだった。

武生市は、これを受けて、美術専門家からなる調査審議委員会を設けてこれらの真贋を再検討することにした。

武生市の結論「贋作の疑いあり」

吉薗氏は、佐伯夫妻と吉薗周蔵との親交を裏付ける資料として、佐伯祐三との書簡や日記を調査審議委員会に提出した。その一部には、周蔵氏が三回ヨーロッパに渡航して佐伯を訪ねた事実が記されていた。しかし、調査審議委員会は、綿密な調査のうえ、これらの資料は信用性を欠き、寄贈申入れを受けた38点の作品は贋作の疑いがあるとの結論に至った。その理由は、周蔵氏の渡航記録がないこと、佐伯祐三やその妻米子から周蔵氏宛てに届いたとされる書簡の筆跡鑑定をしたところ、本人の筆跡とは認められなかったことなどである。

この結論を受けて、武生市は、美術館の新設計画を取り止め、作品38点は吉薗氏に返却した。

書籍『骨董の真贋』

1996年5月、著名な骨董商、中島誠之助氏が著した書籍『骨董の真贋』が二見書房から出版された。この書籍は、文中で佐伯祐三贋作疑惑事件を紹介し、「そんな場所に佐伯祐三の油絵が大量にあるわけがないのです。……うその話は大きいほどひっかかりやすいものなのです。」と記し、「物を買うときは、耳で買わない、目で買え」との教訓を示していた。

吉薗氏（原告）は、この記述により名誉を毀損されたとして、中島氏（被告）および書籍を出版した二見書房に対して損害賠償を請求するため、東京地方裁判所に訴訟を提起した。

■裁判†3

日本で名誉毀損による損害賠償請求が認められるには、①被告が原告の名誉を毀損する事実、すなわち、原告の社会的評価を低下させる可能性がある事実を告げたこと、および②そのような行為について、違法性や責任を阻却する事由がないことが必要である。裁判所は、これらの要件について以下のとおり判断した。

『骨董の真贋』の記述は原告の名誉を毀損するか？

裁判所は、「他人の所有する美術品を贋作と告げるのは、持ち主の絵画に対する見方が誤りであると指摘することを意味するので、その人の社会的評価を低下させる」と述べ、「被告中島誠之助による書籍の記述は、原告吉薗氏所有の作品が佐伯祐三の贋作である事実を前提として書かれていることから、これにより原告の名誉を毀損している」と判示した。

名誉毀損としての違法性

しかし、他人の名誉を毀損する事実を告げた場合であっても、そのような事実を告げることが社会のためになる場合には違法な行為とはいえず、名誉毀損の責任を負わない。裁判例上は、①その事実が公共の利害にかかわり、②その目的が専ら公益を図ることにあり、③その事実が真実であることの証明ができた場合は違法性を欠くとされている。[†4]

裁判所は、「被告による書籍の記述は、著名な骨董商が、著名画家の作品を地方公共団体が公金で購入しようとした事件を引いて骨董品を購入する際の教訓を述べたものなので、公共の利害に関する事実であり、その目的は、専ら公益を図ることにあった」として、この①と②を認めた。そこで、③の要件、すなわち、原告吉薗氏所有の作品は贋作なのかどうかが主要な争点として残った。

原告所有の佐伯祐三作品の真贋は？

裁判所は、美術鑑定人を選任し、原告吉薗氏所有の作品のうちの6点（A作品）と明らかに佐伯祐三の真作とされている4点（B作品）とを対象とし、技法的、技術的観点からこれらの真贋鑑定を実施した。鑑定の結果は、B作品の作者は天分豊かな美術家である佐伯であり、A作品の作者は絵画教育を受けた経験のない別人であるとのことだった。鑑定意見の理由は、①A作品は、明暗・遠近の感性が鈍く平面的であること、②開梱時に乾性油の臭気がしたので、70年前の油彩画とは思えないこと、③デッサンに陰影が示されていないこと、④これらのうちの3点は他の佐伯作品の模写と考えられるが、その出来がよくないこと、⑤A作品の地塗りの顔料がB作品とは異なっていることを指摘した。裁判所は、この鑑定意見を検討のうえ、「鑑定人が示したA作品を贋作とする理由のうちの②については、古い絵に油を塗ったことによる臭気の可能性もあるので、それだけでは根拠となり得ないが、それ以外の理由は、一応合理的なものと認めることができる」ので、鑑定結果は十分に信用できると述べた。

原告はこれに対し、「これまで佐伯の真作とされてきた作品は佐伯祐三の作品に妻の米子が加筆して完成させたものであり、原告が所有する作品こそが米子の加筆がない祐三作品である」と主張した。その根拠は、米子が周蔵氏宛に送った手紙の中に、祐三作品について「そのままでの絵ではだれも買ってはくださらないのです。私が手を入れておりますのよ。」などとの記述があることだった。しかし、裁判所は、武生市の筆跡鑑定によりこの書簡は米子の直筆とは認められなかったことなどから、米子加筆説は疑わしいと判示した。

結論

以上により、裁判所は、2002年7月、被告による『骨董の真贋』における記述は真実に基づき違法性を欠くので、原告吉薗氏の請求は認められないとの判決を下した。

■事件の評価と教訓

鑑定意見は合理的な根拠を示しておくことが必要

この事件の裁判所は、裁判所が自ら選任した鑑定人の意見に基づいて、真贋を決定した。ただし、鑑定結果を鵜呑みにしたわけではなく、個々の鑑定理由について合理的かどうかを検討したうえで、鑑定意見の信用性を評価している。

裁判所に提出するために美術品の真贋鑑定を依頼する場合は、鑑定意見の信用性を正しく評価してもらうため、鑑定人に対し、その意見の根拠をできる限り具体的に鑑定書に記載してもらった方がよい。

この裁判において、原告の吉薗氏は、鑑定結果を争うため、彼女が所有するA作品が佐伯祐三の真作とされているB作品よりも出来が悪い理由は、「真作とされている作品は、妻の米子が加筆して完成させていたからである」と主張した。これは、佐伯米子から吉薗周蔵氏に宛てた手紙にそのことを示唆する記述があることを根拠としている。しかし、このような主張は、たとえ手紙が本物であったとしても、佐伯祐三作品と佐伯米子作品を比較検討のうえで米子加筆説の可能性を示す美術鑑定の結果を提出しない限り、裁判所が認める可能性は低い。

■佐伯祐三と佐伯米子

佐伯祐三（１８９８年－１９２８年）は、夭折の天才画家として知られる、１９９０年代初めの洋画家である。彼は、24歳で美術学校を卒業してからパリに渡り、モールス・ド・ヴラマンクからフォーヴィスムの作風を学んだ。結核により30歳で客死するまでの6年余の間に、パリの下町風景などの油彩画と水彩画をあわせて、５００点を超える作品を残している。

人気の高い佐伯作品に対し、著名なジャーナリストである落合莞爾は、その著作『天才画家「佐伯祐三」真贋事件の真実』（時事通信社、１９９７年）の中で、彼の作品の多くは妻の米子が加筆していたと主張している。これは、彼が吉薗氏から預かった資料、とりわけ米子が周蔵氏に宛てたとされる手紙の文面を検討した結果に基づいているが、本件の裁判所はこの見解をとらなかった。その後、この米子加筆説は、２００９年に出版された稲葉有著『夭折の画家佐伯祐三と妻・米子』（影書房）でも採用されている。このような説が、まことしやかに存在し得るのは、彼の妻、米子が優れた洋画家だったからである。

佐伯米子（１９０３年－１９７２年）は、東京に生まれ、川合玉堂に日本画を学んだ。１９２１年にまだ美学生だった佐伯と結婚し、１９２３年、佐伯とともにフランスに渡るが、単に夫に随伴したのではなく、彼女も画家としてブラマンクに師事して洋画を学んだ。まだ女性が少なかった当時のフランス画壇で、日本画の技法を持つ着物姿の女性画家は、かなりの注目を集めたに違いない。彼女は、１９２５年に「アルルの跳ね橋」という作品で、サロン・ドートンヌに入選している。「サロン・ドートンヌ」

は、権威主義的で保守的なサロンの官展に対抗するためにマティス、ルオー、ヴュイヤール、マルケ、ボナールらが中心になって創設した、新進芸術家の登竜門というべき展覧会で、フォーヴィスムやキュビスムもここから生まれた。この年の展覧会は、佐伯祐三も出品して入選したが、米子の方が先に入選通知を受け取ったため、祐三は自分の通知が届くまではかなり不機嫌だったという。

しかし、翌1926年2月、夫が結核を患ったため、彼女も帰国する。その直後、二科展に出品し、5点の作品が入選した。このときも、夫祐三と同時の入選である。

1927年9月、再び佐伯と渡仏するが、翌1928年8月、パリで夫佐伯祐三と娘、弥智代が相次いで死去し、米子は傷心の帰国をする。しかし、その後も作画活動を続けて多くの作品を残した。1946年に洋画家の三岸節子らとともに女流画家協会を創立、1949年に二期会絵画部の理事になり、1967年には二紀展文部大臣奨励賞を受賞している。

彼女は、佐伯祐三が画家として活動をした全期間を通じて、彼の生活を支えるとともに、最も近くにいるライバルとして彼に刺激と影響を与え続けた。この意味で、彼女は、佐伯祐三作品500余点の共作者といってもよいだろう。

事件15

エゴン・シーレ「父なる神の前に跪く若者」の『E』と『S』

デ・バルカニー対クリスティーズ〔イギリス〕

■事件の経緯

「父なる神の前に跪く若者」の持ち主

エゴン・シーレ作といわれる「父なる神の前に跪く若者」は、ハンガリー出身の銀行経営者、ローゼンベルク男爵のコレクションに含まれていた。男爵がこれを誰からどのような経緯で購入したかは知られていない。なお、エゴン・シーレ研究の権威とされる美術史家で画商のオットー・カリア博士（1894年－1978年）は、1930年にエゴン・シーレのカタログレゾネ（作者の知られている全作品の図版、制作年、来歴、サイズ、所有者、関連文献等のデータを記載した書物）を発表しているが、これに「父なる神の前に跪く若者」は記入されていなかった。

ローゼンベルク男爵はこの絵をチューリッヒの別邸に飾っていたが、1939年に亡くなった後、彼の遺産を管理する遺産財団は、これをチューリッヒ在住の精神病医シュラーク博士に売却した。

1969年、シュラーク博士は、この作品の絵の具の剝脱が始まっていたため、チューリッヒのスイス美術品研究所に委託して修復を行った。シュラーク博士は、修復を終えたこの絵をチューリッヒ美術館に寄託した。チューリッヒ美術館は、1983年と1987年に開催した展覧会においてこれを展示公開している。

論文、書籍の中で言及される

この絵の修復に携わったスイス美術品研究所のドバイ博士は、1969年度における研究所年報に載せた論文の中でこれについて言及した。彼の論文には、「作品の左下の『E』、右下の『S』のサインが、エゴン・シーレの作品であることを示している。これを疑うべき根拠はない。」と記されている。この記述は、この絵がエゴン・シーレの作品であることを公に示した最初の文献だった。

この作品に言及したその他の文献は、1972年、ウィーンのレオポルド博士が独自に発行した、シーレのカタログレゾネである。レオポルド博士は、著名なエゴン・シーレ作品の収集家かつ研究者である。このカタログレゾネの「補遺および修正」という章に1908年のシーレ作品として「父なる神の前に跪く若者」が紹介された。その注記には、「著者（レオポルド博士のこと）は白黒写真しか見ていないので、『E』と『S』のイニシャルがシーレ本人による署名かどうかは確認できない。シーレがこのような方法で署名した作品は他には存在しないが、彼は、1908年にはいろいろな署名の仕方を試みていた。」と記されていた。

クリスティーズへの出品

1987年、シュラーク博士は、「父なる神の前に跪く若者」を売却するため、ロンドンのクリスティーズにオークションへの出品を依頼した。その際の話合いにより、両者は、最低売却価額は50万ポンドにすること、すなわち、入札額がこの金額に達しないときは売却せずにオークションを取りやめること、およびクリスティーズが受け取る委託手数料は販売価格の6パーセントとすることを合意した。

クリスティーズは、この絵の出品依頼を受けた後、直ちにスイス事務所を通じてチューリッヒ美術館に問い合わせ、その出所来歴を調査した。ドバイ博士の論文、レオポルド博士のカタログレゾネももちろん取り寄せた。作品が届いた後は、社内の専門家チームが作品の状態を検査し、コンデションレポートを作成した。また、過去の修復状態を調べるため紫外線ランプにより作品の表面を検分したが、ニスが厚塗りだったため、どの部分が修復されているのかは判然としなかった。しかし、クリスティーズは、他の調査結果からこれがシーレの真作であることの確証を得たので、その前提でオークションに出品することにした。オークション・カタログには、この作品は「エゴン・シーレ作、父なる神の前に跪く若者、左下に『E』、右下に『S』のイニシャルあり、1908年」と特定された。

デ・バルカニー夫人の落札

ジュネーヴ在住のデ・バルカニー夫人は、ジュネーヴで行われたオークションの下見会でシーレ作品「父なる神の前に跪く若者」を見た。彼女はそれまで美術品を購入した経験はなかったが、この絵はどうしても欲しくなり、オークションに参加することにした。彼女は、ロンドンの会場ではなく、電話によりオークションに入札した。彼女は、65万ポンドまでの予算を用意して臨んだが、50万ポンドで落札できた。売主であるシュラーク博士が設定した最低売却価額である。

余談になるが、実はこのオークションに参加していたのは彼女だけだった。彼女と競り合って落札額を50万ポンドまでに釣り上げたのは、クリスティーズが準備した「サクラ」だったわけだ。ただし、これは取引慣行上許されているやり方である。クリスティーズのオークション規約も、「主催者は、入札額が最低売却額に至るまではオークションに参加できる」と定めている。

デ・バルカニー夫人は、落札額50万ポンドとクリスティーズの販売手数料10パーセントを支払い、この作品を手に入れた。

シーレのカタログレゾネの改訂版と贋作の疑い

1990年、故オットー・カリア博士の孫娘である美術史家ジェーン・カリアは、祖父が作ったシーレのカタログレゾネの改訂版を発行した。彼女はこのカタログレゾネに、「父なる神の前に跪く若者」について「スタイルは彼の典型から外れ、出所来歴も不完全であり、シーレ作品とする確証はない」と記述し、さらに左下の『E』と右下の『S』について「シーレはこのように文字を離したサインをしない」と断定した。

1991年3月、デ・バルカニー夫人はこのカタログレゾネを見てクリスティーズに問い合わせた。彼女からの連絡を受けたクリスティーズは、作品の真贋を確認するため、レオポルド博士に鑑定意見を求めた。博士は、作品を実際に検分したうえ、「この作品は状態が非常に悪いうえ、過剰で不釣り合いな重ね塗りとニスの厚塗りがなされているため、化学検査、分光検査をしなければ判断できない」と伝えた。

クリスティーズは、彼の助言に従った検査をした結果、この作品は、「父なる神」の顔の一部と「若者」の背中の一部だけはオリジナルだが、それ以外は原作者以外の誰かが過剰な塗り重ねにより手を加えていることがわかった。塗り重ねられていない部分は、全体の6パーセントに過ぎず、『E』と『S』の文字も塗り重ねの上に書かれているので、この署名がオリジナルの作者によるものではないことは明らかだった。

デ・バルカニー夫人は、この結果に基づき、「代金を返してほしい」と請求したが、クリスティーズはこれには応じなかった。

そこで、夫人は、1994年、クリスティーズに対して代金と販売手数料の返還を求める訴訟を、ロンドンの高等法院に提起したのである。

■裁判[5]

真蹟保証とデ・バルカニー夫人の言い分

クリスティーズのオークション規約の「真蹟保証」という項目には、「買主は、オークションから5年以内に、クリスティーズに通知して、購入した作品が贋作であったことを証明した場合は、クリスティーズは作品と引換えに代金と販売手数料を返金する。ただし、オークション・カタログの表示が当時の研究者および専門家の一般的な見解に従っていた場合はこの限りではない」との規定があった。そこで、デ・バルカニー夫人（原告）は、この真蹟保証の規定に基づき、彼女が購入した「父なる神の前に跪く若者」は贋作だったので、代金を返せと請求したのである。しかし、クリスティーズ（被告）は、「この作品は、シーレの作品に修復のための塗り重ねをしたものなので、修復が過剰であったとしても贋作ではない、またオークション・カタログは当時の学者の一般的な見解に従っている」と主張して争った。よって、裁判では、①作品は贋作なのかどうか、および②被告クリスティーズのオークション・カタログは、当時の研究者、専門家の一般的な見解に従っていたのかが主な争点となった。

「父なる神の前に跪く若者」は「贋作」か？

裁判所は、修復前の作品を描いたのがシーレであるとする点については被告の主張を認めた。その主な理由は、この作品に対するX線検査と赤外線検査の結果だった。特に赤外線検査は、塗り重ねられた部分の下にあるオリジナルの絵の右隅に、薄紫色で『E』と『S』を絡ませたようなサインがあることを明らかにした。シーレが同じようなサインをした作品は他にもあったし、レオポルド博士も、この検査結果を見て、「塗り重ね前のオリジナル部分は、1908年頃のシーレ作品の特徴を持っている」との意見を述べた。

しかし、裁判所は、それにもかかわらず、この絵は、オークション規約の適用上は、「贋作」にあたると判断した。このオークション規約は、「贋作」を「カタログに記載された作者名、出所、年代などのとおりであるかのように騙す目的で描いてある作品」と定義している。裁判所は、『E』と『S』の文字がシーレ以外の者の手により記入されていることに着目した。この記載は、シーレ以外の者が塗り重ねた部分もシーレ作品であるかのように装う意図があったことを意味している。実際上、オークション・カタログの記述は、『E』と『S』がシーレの署名であることを前提としているように読め、デ・バルカニー夫人もそのように信じてこの絵の購入を決めていた。すなわち、この署名に騙されたことになる。この点を捉え、裁判所は、署名が偽造である以上、この作品は、オークション規約上の「贋作」であると判示したのである。

オークション・カタログは美術研究者・専門家の一般的な見解か?

被告クリスティーズは、「1987年当時、『父なる神の前に跪く若者』に関して権威のある公開文献は、ドバイ博士の論文とレオポルド博士のカタログレゾネだけであり、被告はこれらに基づいて真作と判断してカタログに記載したので、返金の義務はない」と主張した。

しかし、裁判所は、『E』と『S』の文字の真贋に関しては、ドバイ博士の論文は何も意見を述べていないし、レオポルド博士は「これらがシーレの署名かどうかは確認できない」と述べているので、一般的な見解が存在しないと認定した。

結論

裁判所は、1995年1月、被告クリスティーズはそのカタログに、作品（署名）の真贋に関する間違った記載をしたので、オークション規約が定める真蹟保証の規定に基づき原告デ・バルカニー夫人に対して代金等の返還義務を負うと判示した。

■事件の評価とその後

オークション規約上の「贋作」と署名部分の真贋判断

オークション会社が定めるオークション規約には、贋作だった場合、すなわち、購入した作品が、オークション・カタログに記載してあった作品の表示と異なっていた場合には、買主に代金を返還することを約束する規定（真蹟保証条項）を設けているものが多い。ただし、贋作であることの証拠は買主の側で準備しなければならない。

この事件では、オークション会社側（クリスティーズ）は、「シーレ作品に修復のための塗り重ねをしたものである以上、シーレ作品であることに違いはない」と主張し、贋作であることを争った。しかし、裁判所は、オークション・カタログにおけるこの作品の記載が、シーレ本人がイニシャルを入れたと表記しているように読めたことから、作品に記入したイニシャルが作者のものでないことを根拠に、オークション規約上の「贋作」であると認定した。作品自体の真贋の判断が、署名部分の真贋判断に左右されたことになる。

この判決の後、オークション会社は、作品そのものの真贋に加え、特にその署名部分が作者本人のものかどうかを慎重に検討することが必要になった。オークション・カタログも、この検討の結果を踏まえて、作品中の署名部分に関する判断を正確でわかりやすく記載する必要がある。

この判決が示すとおり、契約書やオークション規約における真蹟保証条項の適用上の「贋作」と作品に対する美術専門家や世間一般の真贋評価とは必ずしも一致しない。美術史家ジェーン・カリア氏が1998年に発行したカタログレゾネの改訂版では、この作品「父なる神の前に跪く若者」は、この訴訟事件の結末を注記したうえで、シーレ作品のリストに加えられている。

■エゴン・シーレの宗教画

シーレは、裸体画、自画像を中心とする人物画家として知られているが、ルター派の牧師を輩出した家系に生まれたこともあり、キリスト教的なテーマを意識した作品が意外に多い。しかし、1912年以前とそれ以降とでは、彼の作品が暗示する宗教観に大きな違いがみられる。たとえば、1910年から1911年にかけて描いていた「死んだ母」というシリーズでは、胎児を宿したまま死んだ女性という病的で悲劇的なテーマの絵を神に挑むかのように描いていた。他方、1913年の「聖家族」は、「死んだ母」とよく似た構図をとりながらも、キリスト教を正面から肯定的に扱ったテーマで、描かれた親子三人の表情は希望を感じさせる。

この大きな変化は、1912年に彼に起こったいわゆるノイレングバッハ事件が原因である。その年の4月に、シーレは警察に逮捕・拘留された。その頃、ウィーン郊外のノイレングバッハで17歳の恋人ヴァリーと同居していた彼の家には、近隣の子供たちが毎日のように出入りし、裸体画のモデルになっていた。ある日、その中の一人の少女が家出をし、シーレらの家に泊まった。その翌日、少女はウィーン市内の祖母に会いたいというのでヴァリーとともに付き添ってウィーンのホテルに一泊してノイレングバッハに帰ったところ、少女の父親の通報により、未成年者誘拐、わいせつ行為教唆、および反道徳行為の容疑で逮捕されたのである。結局、最初の二つの罪の嫌疑は晴れたが、彼の家から大量の子供の裸体画が押収されたため、子供たちにわいせつな絵を見せたとのことで、裁判により未成年者に対する反道徳行為（わいせつ画流布）の罪では有罪となり、3日間の禁錮刑を受けた。拘留期間と併せて24日間の身柄拘束だったが、全ての罪が有罪の場合は20年の刑となる可能性もあったので、この間に彼は人生最大の恐怖を味わった。拘置所内では、絶望的な表情の自画像や殉教者の手記のような日記を残している。釈放後の彼には、明らかに作風の変化がみられ、その作品は以前よりも世間から好意的な評価を受けるようになる。子供のあからさまな裸体画や「死んだ母」のような社会に不快感を与えようとする作品は描かなくなった。そして、前述の「聖家族」や「聖セバスチャンとしての自画像」（１９１４年、ポスター）、「出会い（聖人と一緒の自画像）」（１９１４年）などの宗教画を描き出したのもそれ以降である。

さて、この事件の判決によれば、「父なる神の前に跪く若者」は、１９０８年のシーレの作品に誰かが修復のために過剰の塗り重ねをした絵画ということである。それが正しいとすれば、１９０９年以前の彼の宗教画は見つかっていないので、この絵の下には、初期シーレ作品としては唯一といえる、真っ当な宗教画が隠されていることになりそうである。

「父なる神の前に跪く若者」は個人蔵のため現物を見ることができないが、その複製画やポスターは市中に出回っている。

事件16

クストーディエフ「オダリスク」は贋作か？

オーロラ・ファイン・アート社対クリスティーズ〔イギリス〕

■事件の経緯

クストーディエフ作「オダリスク」の落札

ロシア人画家ボリス・クストーディエフ作とされる「オダリスク」は、ベッドに横たわる裸婦を描いた油彩画で、カンヴァスの右下に「B．クストーディエフ　１９１９年」との署名がある。この絵は、著名なロシア人美術品収集家であるレオ・マスコフスキーが１９３２年以前に購入し、彼のコレクションに含まれていた。マスコフスキーは、１９３２年にラトヴィアのリーガ市美術館で開催されたロシア近代絵画展に、この絵を含む2点をクストーディエフ作品として出品している。マスコフスキーは１９７２年に他界し、未亡人がコレクションを相続した。

1989年、マスコフスキーの未亡人は、「オダリスク」をロンドンのクリスティーズが主催するオークションに出品した。クリスティーズによるこの絵の落札予想価格は1万2千ポンドから1万5千ポンドだったところ、英国在住の個人収集家により1万9千ポンドで落札された。

2005年、「オダリスク」は転売のため再びクリスティーズのオークションに出品された。このとき、クリスティーズは、この作品の落札予想価格を8万ポンドから22万ポンドと見積もったが、これをはるかに超える150万ポンドで落札された。これを落札して購入したのは、オーロラ・ファイン・アート社（オーロラ社）という会社だった。オーロラ社は、ロシアの富豪が美術品所有のためにバージン諸島に設立した投資会社である。

「オダリスク」は贋作？

2006年、オーロラ社のコンサルタントが知人の美術商にこの絵を見せたところ、贋作の疑いが指摘された。彼は直ちに、モスクワのトレチャコフ美術館とサンクトペテルブルクの国立ロシア美術館に鑑定を求めたが、いずれもこの絵はクストーディエフの作品ではないとの意見だった。

オーロラ社（原告）は、ロンドンの高等法院に訴訟を提起し、「オダリスク」のオークションを主催したクリスティーズ（被告）に対して、代金の返還と損害賠償を求めることにした。原告は、その請求の根拠として、①オークション規約の真蹟保証条項に基づく代金返還請求、②被告クリスティーズの不注意または事実に反する表示により被った損害の賠償請求という二つの種類の主張をした。

裁判[†6]

「オダリスク」の真贋は？（争点1）

クリスティーズがオークションの参加者に公開しているオークション規約には、「クリスティーズは、美術品を売却した後5年間、オークション・カタログに作者の名前を無条件で明記している作品がその者の真作であることを保証する」との条項（真蹟保証条項）が規定されている。オークション規約はまた、「この保証違反の唯一の救済手段として、買主は、売買契約を取り消して売買代金の返金を求めることができる」と定めていた。原告オーロラ社は、この規定に基づいて売買契約を取り消して代金の返還を求めた。これに対し、被告クリスティーズは、「この絵は贋作ではないので、真蹟保証条項は適用されない」と主張して争った。

三つの総合評価

「オダリスク」の真贋の判断にあたり、裁判所は、①美術専門家による鑑識眼、②作品の来歴に基づく真贋の可能性、③技術面における専門家の意見の三つを総合評価した。

①美術専門家の鑑識眼

裁判所は、二人の美術専門家による鑑定意見書と鑑定証言を取り調べた。一人は国立ロシア美術館のキュレーターで20世紀前半のロシア美術を専門とするリュビモア女史、もう一人は、オークション会社ボーナムのコンサルタント、ラザーストン氏である。

原告オーロラ社が申請した専門家証人、リュビモア女史は、89点の絵画を含めて千点を超えるクストーディエフ作品を所蔵する国立ロシア美術館において長年に亘りクストーディエフを研究してきた。彼女は、「この作品は200パーセント確実にクストーディエフの真作ではない。」と断言した。

被告クリスティーズ側の専門家証人ラザーストン氏がクストーディエフの研究を始めたのは比較的最近だったが、「オダリスク」に描かれたカーテン、ストーブ、ブランケットや奥行き、明暗などのディテールを他のクストーディエフ作品と比較し、この作品には、クオリティにおいて多少の問題があることを指摘した。しかし、彼の最終意見としては、「この絵はクストーディエフが生計の手段として急いで描き上げた二級品ではあるが、彼の真作と考えられる。」とのことだった。

裁判所は、リュビモア女史の鑑識眼とラザーストン氏が指摘したクオリティ上の問題点に基づき、「専門家の鑑定意見の結果は、この絵が贋作であることを強く示している」と判断した。

②来歴からの推定

裁判所は、「オダリスク」の来歴等に関する様々な資料およびリュビモア女史とラザーストン氏のこれらに基づく意見から、これが真作または贋作であることが推定できるかどうかについて、以下のとおり検討した。

(1)「オダリスク」が仮に贋作であるとすれば、贋作者は、クストーディエフの二つの作品（ヤロスラブル美術館所蔵「ブランケットを羽織るヌードモデル」と個人蔵の「箪笥のそばにいる商人の妻」）を参考にしたはずである。これら二つの作品は1920年代に展覧会に出品されたり、雑誌に掲載されたりしていたので、贋作者も見ることができた。

(2) 「オダリスク」は、クストーディエフ作品のアーカイブ（公的に保存された記録）に一切言及されていない。この事実は、贋作であることを示す証拠として多少の重みがある。

(3) 「オダリスク」が1920年5月にペトログラードで開催されたクストーディエフの展覧会に出品されていない事実は、他にも出品されていない作品が多数あることに鑑み、特に重要ではない。

(4) 被告クリスティーズは、「1932年のリーガ美術館の展覧会にこの絵が出品された際、リーガ市美術館の専門職員が真正であることを確認していたはずである」と主張する。しかし、専門職員が出品された全作品の真贋確認をしたかは不明であること、この絵以外にも作品を貸し出していたマスコフスキーに対して展覧会主催者が贋作を指摘することができたとは考えにくいことから、この事実によって真正であることが推測できるとはいえない。

(5) 「オダリスク」が著名な美術品収集家であるマスコフスキーのコレクションに含まれていたとしても、彼の所蔵品がすべて真正とは言い切れない。

(6) クストーディエフ作品は1932年以前から高額で取引されていた。彼が1927年に亡くなった後なら贋作を制作しても発覚のおそれが低く、また1920年代のロシア市場ではすでに贋作売買が横行していた。

(7) 当時、クストーディエフ作品を偽造した可能性がある者は、少なくとも三人（1928年に失脚したロシア人画家、クストーディエフ作品を所有していた画家、および彼の息子）いた。

(8) 原告オーロラ社は、「この絵は、クストーディエフへのオマージュ、ジョーク、研究のために描かれた可能性がある」と主張する。しかし、そのような理由でこれほどまでの作品をわざわざ作成する理由は乏しい。

(9) クストーディエフの友人が1925年に発表した論文にクストーディエフ作品がリストされている。このリストに含まれている「眠り」と題された作品が「オダリスク」のことを指している可能性がある。ただし、「眠り」にあたる可能性がある作品候補は他にもある。

(10) 被告クリスティーズは、「この絵が1989年および2005年にオークションに出品されたが、市場関係者から贋作の指摘を全く受けなかったという事実はこれが真作であることを推定する」と主張する。しかし、この二回はどちらも被告クリスティーズが真作であることを保証したオークションだったし、二回目のオークションの買主である原告が本訴訟を起こしている。

以上のとおり、これらのうち(2)の事実（この絵に言及したアーカイブがないこと）はこれが贋作であること、(9)の事実（クストーディエフの友人の論文に「眠り」が含まれていること）は真作であることを多少は推測させるが、いずれも決定的ではない。

③技術面での推定

原告オーロラ社側の技術面の専門家は、「この作品の署名は絵の具のひびの上にあるので、後から書き加えられたものだ」と証言した。しかし、被告側の専門家は、「そのようなひびは見つからなかった」と述べた。裁判所は、ひびがあったことの証拠は不十分と判断した。

被告クリスティーズ側の専門家は、「オダリスク」とクストーディエフの他の二つの作品を比較し、ジンクホワイトの顔料で表層を着色している点、使用している顔料は１９１０年代特有のものである点などの共通点を指摘した。しかし、裁判所は、「二つの作品との比較だけでは本件の作品が他のクストーディエフ作品を真似た作品ではないことの証拠とはならない」と判断した。

クリスティーズは損害賠償の義務を負うか？（争点2）

真蹟保証条項によれば、贋作であったとき、買主は英国ポンドにより代金の返還を受けることしかできないが、原告は、ドル建てで購入資金を調達し、その利息も払っているので、売買代金以上の損害を受けている。そこで、原告は、「被告は、十分な注意をせずに間違った判断をしてこの作品を真作として売却したこと、または『この絵は真作である』との間違った表示をして原告の判断を誤らせて購入させたことにより原告に損害を与えた」と主張し、損害賠償を求めた。

これに対し、被告クリスティーズは、オークション規約に「クリスティーズおよび売主は、真蹟保証条項を除き、作品に関して口頭や文書で伝えた事項の誤り、記載漏れや作品の欠陥について一切の責任を負わない」と明記されていることを指摘した。このような規定は「責任制限条項」と呼ばれ、オークション会社の損害賠償義務の範囲を限定する目的で、たいていのオークション規約に定められている。

被告は、「真跡保証条項による代金返還の範囲を超える損害賠償の義務は、オークション規約の責任制限条項により免除されている」と主張した。

これに対し、原告は、「オークション規約における責任制限条項は、被告が一方的に定めたものであり、かつオークション参加者に対して不利益を与えることを目的とする不公平な内容なので、合理性を欠く規定であり効力を生じない」と主張した。

裁判所は、原告にはオークション規約の真蹟保証条項により代金返還という救済措置が与えられていること、原告は大富豪の資産運用会社であり、被告のオークション規約に合意できないのであれば取引をしないという選択ができたこと、被告の規約に責任制限条項があることを理解したうえでこの絵を購入したはずであることなどから、「被告クリスティーズの責任制限条項には合理性が認められるので有効である」と判断した。

結論「『オダリスク』は贋作」

裁判所は、争点1の①、②および③の点を総合し、「この絵の真贋を判断するうえで、美術専門家の鑑識眼が最も重要な証拠であり、来歴や技術面に関してこれをくつがえす有力な証拠が示されない以上、クストーディエフの真作ではない」と判断した。

２０１２年、裁判所は、被告クリスティーズに対し、原告オーロラ社への代金返還を命じた。ただし、代金を超える金額の損害賠償請求は、争点２の理由（責任制限条項）により認めなかった。

■事件の評価と教訓

裁判所による美術品の真贋判定は専門家の鑑識眼に依存

この事件の裁判は、美術品の真贋は、美術専門家の鑑識眼、作品の来歴に関する資料、技術面における専門家の意見を総合して判断した。特に、作品の関連資料に基づいて、贋作の可能性をかなり緻密に検討している。しかし、裁判所が最も重視したのは美術専門家の鑑識眼であり、技術面や来歴からの推定は、よほど決定的な証拠がある場合を除き、美術専門家の意見をくつがえす材料にはならないことが示されている。美術品の真贋を証明する証拠として初めて科学的検査結果が用いられた【事件13】（ハーン対デュヴィーン事件）から80年以上過ぎても、科学的、技術的な証明の方法にはまだ限界があるということである。

オークション規約が定める責任制限条項は有効とは限らない

ほとんどのオークション規約は、この事件のクリスティーズの規約のような責任制限条項を設けて、真蹟保証条項が定める範囲を超える損害賠償請求はできないようにしている。しかし、多くの国は、たとえば、イギリスの「不公正契約条項法」や「消費者権利法」、日本の民法の「信義誠実の原則」、「権利濫用の法理」や「消費者契約法」など、公平性を欠く不合理な責任制限条項の効力を制限する法律を定めている。[†7] 本件では、真蹟保証条項による代金の返還を受けられることや原告が美術品投資会社として十分な交渉力と知識を持っていることなどを理由にこれら規定の拘束力が認められた。しかし、オークション規約に真蹟保証条項を設けていない場合や美術品取引の経験・知識に乏しい個人が原告の場合は、損害賠償責任を制限する条項に合理性が認められるとは限らない。

したがって、オークション会社は、責任制限条項には依存せず、出品の依頼を受けた作品の真贋調査に慎重を期すべきである。ただし、本判決は、「オークション会社が社内の通常の実施手順に従って作品の来歴と技術面の調査を行って問題がないと判断した場合、第三者機関への鑑定依頼までは要しない」と述べている。†8

■クストーディエフとその作品

ボリス・クストーディエフは、（1878年－1927年）は、20世紀の初頭に活躍したロシア人の画家である。この時代、すなわちロシア革命前後におけるロシアの美術界は、社会主義思想に共鳴した前衛芸術家群と社会批判的でペシミスティックな具象画を描く芸術家群とに二分される。クストーディエフは後者に属し、当初は政治的風刺画家として評価されていた。しかし、1909年に脊髄腫瘍を患い、車いす生活を送るようになった頃から、明るく華やかで刺激的な色調を多用してロシア庶民の風俗や日常生活を描くようになった。彼の人物画、風俗画は、その存命中からロシアでは人気が高く、没後も高額で取引されているので、1920年代または30年代に贋作が作られたとしても少しも不自然ではない。

ただし、彼の裸体画として有名なのは、トレチャコフ美術館の「美女」（1915年）やニジニノヴゴロド州立美術館の「ロシアのビーナス」（1926年）などだが、これらはふくよかで多幸感に満ちた女性を牧歌的に描いたもので、エロティシズムを意図したような「オダリスク」とは趣が異なる。裁判所は、この作品の贋作者は「ブランケットを羽織るヌードモデル」（ヤロスラブル美術館所蔵）を参考にした可能性があると指摘しているが、クストーディエフ人気を利用しようとしたのなら、なぜもっと彼らしい特徴のある作品を参考にしなかったのかについて、若干の疑問は残る。

クストーディエフ作品は、ロシア国内では、国立ロシア美術館（サンクトペテルブルグ）をはじめとする様々な都市の美術館で見ることができるが、ロシア国外では彼の名はあまり知られていない。彼の作品を所蔵する欧米の美術館は、ニューヨークのメトロポリタン美術館、フィレンツェのウフィツィ美術館などである。このうち、メトロポリタン美術館の「村祭り」（1924年）は、秋の収穫祭を楽しむ農民たちを田園風景の中に描いたもので、彼らしい傑作の一つといえる。

贋作版画の売却は詐欺罪ではない？

●2022年3月、日本画の巨匠、東山魁夷の版画を偽造して販売した大阪府の元画商が著作権法違反により懲役3年（執行猶予4年）および罰金200万円の有罪判決を受けた。
●この事件は、2020年春、全国の画商の団体、日本現代版画商協同組合（版画商協同組合）の会員が、贋作とみられる版画の流通に気づいたことをきっかけに発覚した。相談を受けた警視庁は、元画商から日本画家の平山郁夫、片岡球子、東山魁夷、洋画家の有元利夫らの版画を約80点押収し、このうち約30点を贋作と確認した。版画商協同組合も専門機関に鑑定を依頼し、元画商が流通させたとみられる日本画家の贋作を約130点確認した。この画商は、版画商協同組合の専務理事を務めていた男で、2008年から、奈良県で工房を営む版画作家に複製を作らせ、業者交換会に出品して同業者の画商に売却し、百貨店などに流通させていた。
●2021年3月の版画商協同組合の告発を受け、同年9月、警視庁は元画商と版画作家を逮捕し、10月に著作権法違反で起訴した。ただし、起訴の対象となったのは、「2017年1月から2018年12月までの間に、著作権者の許諾なく、東山魁夷の『白馬の森』など5作品7点を複製したこと、およびこのうちの2点を2020年2月と8月にそれぞれ販売したこと」だけである。このように限定された理由は、著作権法違反の罪が親告罪のためである。親告罪は、被害者が告訴した場合にだけ処罰されることになっている。親告罪は、2018年の著作権法改正により、一定の犯罪に関しては告訴が不要になったが、本件の罪はこの例外にはあたらない。著作権法違反の被害者は著作権者だが、東山魁夷の遺族以外の著作権者は告訴することに同意しなかったので、起訴できなかったということである。
●本件に関するもう一つの疑問は、「どうして詐欺罪で起訴しなかったのか」という点である。承諾をとらずに版画の複製を作って売る行為はもちろん著作権者に損害を与えるが、この行為は同時に、本物と信じて購入した者にも損害を与える贋作詐欺でもある。詐欺罪は親告罪ではないので、被害者の告訴はいらない。
●これは推測だが、事件の判明から起訴までに半年以上をかけた事実に鑑み、検察はおそらく、元画商らの詐欺罪の責任も追及するつもりで捜査していたのであろう。しかし、詐欺を立証するには、被害者が被告人に騙されて購入し、その代金を払ったこと、およびいくら支払ったのかについて証拠が必要である。量刑の事情として、顧客に転売し、その後買い戻すなどした事実関係の確認も要する。しかし、複製品を買った同業者の画商たちは、プロとしてそのような事実を公にしたくはないだろうし、代金や顧客に関する情報を口外するわけにはいかない。結局、詐欺の被害者である画商たちが協力を拒んだため、検察は詐欺罪での立件を諦め、確実に立証できる著作権法違反だけに絞って起訴したと考えられる。
●美術品取引業界の閉鎖性と秘密主義は、「マネーロンダリングによる犯罪隠ぺいの温床になっている」などとよく批判される。その真偽はともかく、本件は、閉じられた業界の体質が、最も典型的なアート犯罪である贋作詐欺の処罰を難しくしていることを示している。

V

贋作売買

美術品の売買取引の後、買主が贋作を購入していたことを知った際、買主は、売主に対して代金返還や損害賠償を求めようとする。しかし、購入品が贋作であったとしても、常に売主の責任を追及できるわけではない。市場に流通する美術品には、真作かどうかわからないものが多数存在し、実際上、真贋不明であることを前提に取引される場合が多いからである。売主の責任の有無は、契約内容、契約交渉中の当事者間のやりとり、売主、買主が専門業者かどうか、売買取引が行われた国や地域の取引慣行や法律などに左右される。

英米の美術品取引市場では、「美術品取引業者は自己の責任において真贋を判断して購入を決定すべし」との取引慣行があり、美術品取引の専門知識や経験のある者による購入品が贋作であったとしても、売主との間に特別な合意をしている場合を除き、代金返還等を求めることができない。

他方、素人のコレクターが画廊や画商から贋作を購入した場合は、買主は原則として、返品して代金の返還を受けられる。ただし、購入後ある程度の期間を過ぎた後にこの請求をしても認められないことがある。

【事件17】から【事件20】までは、この問題に関するイギリスの裁判事件である。このうち、【事件17】および【事件18】は、画廊と素人の売買取引の後に贋作と判明した場合において、買主が売主である画廊の責任を追及した事件、【事件19】および【事件20】は、美術品取引業者間の贋作売買に関する事件を紹介する。これらを読めば、英米において、贋作美術品の買主が代金返還を受けられるのはどのような場合に限られるのかが理解できる。

【事件21】は、英米と日本の違いを検討するため、日本の美術品取引業者間の贋作売買に関する裁判例を紹介する。

事件17

コンスタブル「ソールズベリー大聖堂」（贋作）の売買代金は取り戻せるか？

リーフ対インターナショナル・ギャラリー事件［イギリス］

■事件の経緯

1944年3月、美術鑑賞好きのイギリス人、アーネスト・リーフ氏は、ロンドンの画廊、インターナショナル・ギャラリーから「ソールズベリー大聖堂」というタイトルの絵画を85ポンドで購入した。この折、ギャラリーの担当者からは、「この絵はイギリスの風景画家、ジョン・コンスタブルが描いた作品」と説明を受けていた。

しかし、その5年後、リーフ氏はこの絵を転売するために別の画廊に持ち込んで売却を委託しようとしたところ、画廊から「これはコンスタブルの作ではない」と告げられた。

リーフ氏は、インターナショナル・ギャラリーに85ポンドの返還を求めたが、ギャラリーはこれを拒絶したので、訴訟を提起した。

■裁判

売主、買主とも「コンスタブル作」と信じていた場合に契約を取り消せるか？

原告リーフ氏は、「被告インターナショナル・ギャラリーから『コンスタブルが描いた』との説明を受けたからこの絵を購入したのに、この説明は事実ではなかったので、被告は不実表示をしていた」と主張し、売買契約を取り消して代金の返還を求めた。

イギリスの判例法上、売買契約の売主が物品について「不実表示」、すなわち虚偽の事実を告げ、買主がそれを信じてその物品の購入を決定した場合、買主は、契約を取り消して代金の返還や損害賠償を請求することができる。ただし、売主も事実に反していることを知らずに（これを法律上「善意」という）間違った事実を告げていた場合、すなわち、売主が「善意の不実表示」をした場合は、買主が代金を取り戻すことができるかどうかは裁判所の裁量によることになる。裁判所は、このままでは当事者間の公平に反すると判断したときは契約取消しによる代金返還請求を認めるが、そうではない場合は損害賠償の請求だけしか認めない。

この事件の第一審を審理したロンドンの地区裁判所（county court）の裁判官は、原告のリーフ氏に対し、「本件の原告の救済手段としては損害賠償の方が適切なので、損害賠償請求に訴えを変更してはどうか」と勧めたが、リーフ氏はこの勧告には従わなかった。その結果、事件の争点は、「贋作を真作であるとして売却した被告の不実表示を理由に、売買契約を取り消すことができるのかどうか」という点に絞られた。

被告インターナショナル・ギャラリーは、被告自身もこの「ソールズベリー大聖堂」をコンスタブル作品と信じて原告にそのとおり説明して売却したのであるから、被告は「善意の不実表示」をしたことになると述べ、その場合は公平の見地から、すでに契約の履行が完了した後は、もはや取消しができないと主張した。

第一審裁判所はこの被告の言い分を採用し、原告による契約取消しを認めなかった。原告リーフ氏は、この判断を不服としてロンドンの高等法院に上訴した。

裁判所の判断†「購入の5年後に取り消すことはできない」

裁判所（高等法院）は、「売主が売買の目的物について間違った説明（不実表示）をし、買主がこれを信じて購入を決定した場合は、目的物の引渡しが済んだ後であっても買主は契約を取り消すことができるが、本事件では、原告が絵画を購入してから5年も経っているので、もはや契約を取り消すことができない」と判示した。

この判断の前提として、裁判所はまず、売主が「売買の目的物である作品がコンスタブルの真作であること」を約束し、それが契約の条件（condition）になっていたとしたらどうなっていたかを検討した。

イギリスの物品売買に関する法律（物品売買法）は、売買契約の目的物に関する契約の条件が間違っていた場合、買主は契約を解除することができるが、「目的物を受領した後合理的な期間が過ぎた後はもはや解除権は消滅する」と定めている。[†2] 裁判所は、「原告リーフはこの絵を購入してから5年の間自宅の居間に飾って楽しんできたのだから、受領後合理的な期間を過ぎていることは明らかであり、仮にそれが贋作であることが被告の契約違反にあたるとしても、原告の契約解除権はすでに消滅している」と述べた。そして、「契約法上の最も強力な救済手段である契約解除すら行えないのだから、これよりも効果が劣る救済手段である不実表示による契約取消し権はもはや消滅している」と判示した。

結論

1950年、裁判所は、以上の理由により、原告リーフ氏の契約取消しによる代金返還請求を認めなかった。

■事件の評価

イギリスにおいて代金を取り戻す方法は？

贋作美術品の買主が売主に対して代金の返還を求める根拠として、イギリス法上は三つの可能性がある。一つめは、売主の契約違反を理由に売買契約を解除して代金の返還と損害賠償を請求する方法、二つめは、売主が虚偽の事実を告げたこと（不実表示）を理由に契約を取り消して代金の返還と損害賠償を求める方法、三つめは、買主が偽物を本物と信じたこと、すなわち錯誤により契約が無効であることを前提にして代金の返還を求める方法である。

第一の方法（契約違反による解除）がとれるのは、美術品の売買契約の売主が、買主に対し、「作品が真作であること」を契約の条件として約束（保証）した後、この約束が間違っていたこと、すなわち契約の目的物が贋作であることがわかった場合に限られる。また、法律上、契約を解除して代金返還等を求める権利は、目的物の引渡しを受けた後、合理的な期間（目的物に欠陥があるかどうかを直ちに調査していればその欠陥を発見できたであろう期間）を経過した後には、もはや行使できない。[†3]

第二の方法（不実表示による契約取消し）では、売主が「善意の不実表示」をした場合、すなわち、売主も真作と信じていた場合（作品が真作であることを契約の条件とすることを当事者間で合意していなかった場合も含む）、契約の取消しが認められるのは、裁判所がこのままでは当事者間の公平に反すると判断した場合に限られる。

本事件において、原告リーフ氏は、第二の方法を選び、「被告インターナショナル・ギャラリーがコンスタブル作と述べて『ソールズベリー大聖堂』を売却したのは不実表示である」として、契約を取り消して代金の返還を請求した。裁判所はこれに対し、作品購入後5年以上を経過していることを理由に取消しを認めなかった。「善意の不実表示」を信じて贋作美術品を購入した買主は、作品の引渡しを受けた後に合理的な期間が経った後には契約を取り消すことができなくなるということである。したがって、買主は、購入した作品の真贋に疑義があるときは、たとえ転売の予定がなかったとしても、なるべく早めにその調査をし、贋作とわかったときは速やかに契約を取り消した方がよい。

なお、第三の方法、すなわち買主が錯誤（買主の認識と事実が一致していなかったこと）を根拠にして契約が当初から無効であったとして代金返還を求める場合は、買主が贋作を真作と誤解していたことに気づいたときから6年間は請求ができる。しかし、多くの事件において、裁判所は錯誤による無効の主張は認めていない。本件の判決（高等法院）も、「両当事者が売買の目的物をコンスタブルの真作と思っていた点は重大な誤認だが、『ソールズベリー大聖堂』というタイトルの特定の絵画の売買を合意した点に錯誤はないので、当初から契約が無効であったわけではない」との傍論を述べている。

■コンスタブルと「ソールズベリー大聖堂」

ジョン・コンスタブル（1776年－1837年）は、ウィリアム・ターナー（1775年－1851年）と並ぶイギリスを代表する風景画家であり、絵画における風景画というジャンルの創始者と呼ばれている。

彼が活躍した時代、パリの画壇では、神話やキリスト教をモチーフにした歴史画、宗教画が最も価値が高い芸術品であり、それに続くのが肖像画だった。風景画や静物画は低俗な絵画とみなされていた。1768年にイギリスに設立されたロイヤルアカデミーも、これに倣って、芸術家に宗教画と歴史画を推奨していた。コンスタブルのライバルだったターナーは、コンスタブルと同様に風景画が得意だったが、風景の中に神話の人物などを小さく描き込むことによりアカデミーの要求を満たし、要領よく20代でアカデミーの会員資格を獲得した。しかし、コンスタブルは妥協を拒んで頑なに風景だけを描き続けたため、なかなか画壇の評価を得られなかった。しかも、曇りがちで変化に富んだイギリスの天気を黒や灰色を用いてリアルに表現する画風に固執したため、絵画に美しさを求める当時のイギリス人の嗜好に合わず、彼の作品は40代半ばまで一点も売れなかった。結局、彼がロイヤルアカデミーの会員に選ばれたのは52歳のときだった。しかし、彼の風景画はそれ以前にクールベなどのフランスの画家たちに高く評価され、バルビゾン派やその後の印象派にも影響を与えている。

ターナーがイギリス国内のみならずヨーロッパの様々な名所を訪れて作品を残しているのに対し、コンスタブルは生まれ故郷であるサフォーク地方（イングランド東部）の田舎の風景ばかりを描き続けた。このため、サフォーク地方は、今では「コンスタブル・カントリー」と呼ばれている。ソールズベリー大聖堂は、イギリスで最も高い尖塔を持つことで名高いゴシック様式の教会である。コンスタブルは、友人だったジョン・フィッシャーがこの教会の主教をしていたことからたびたび訪れ、数点を写生した。

本事件の作品「ソールズベリー大聖堂」は贋作だったが、この大聖堂を描いた彼の作品は、ロンドンのヴィクトリア・アンド・アルバート博物館（「近くで見たソールズベリー大聖堂」１８２０年）、ナショナル・ギャラリー（「エイボン川から見たソールズベリー大聖堂とレドンホール」１８２０年）、テート・ブリテン（「草原から見たソールズベリー大聖堂」１８３１年）、ニューヨークのフリック・コレクションとメトロポリタン美術館（いずれも「主教館の庭から見たソールズベリー大聖堂」１８２５年）などで観ることができる。

事件18

美術愛好家が購入したアングル「トルコ風呂のための習作」(贋作)

ペコ・アーツ対ハズリット・ギャラリー事件［イギリス］

■事件の経緯

アングル「トルコ風呂のための習作」の売買

美術愛好家のカラン夫人は、イギリス在住の米国人である。彼女は長年に亘り、その資産管理会社、ペコ・アーツ社を通じて油彩画、パステル画、素描画その他の多くの美術品コレクションを築いてきた。

1970年11月、カラン夫人は、彼女の知人であり19世紀フランス美術の専門家であるステファニー・メゾン夫人から、アングルによる「トルコ風呂のための習作」という素描画の購入を薦められた。メゾン夫人は、この絵は著名な美術品収集家のコレクションに含まれていた良品であること、パリで開催された展覧会に出品されたことなどをカラン夫人に説明し、彼女をその売主であるロンドンの著名な画廊ハズリット・ギャラリーに案内した。

ハズリット・ギャラリーは、ルネサンス、バロック期のイタリア絵画から近代作品までを扱う一流画廊である。ハズリット・ギャラリーは、常連客である著名な美術品収集家、ヴィラー＝デヴィッド氏からこの素描画の売却を委託されて預かっていた。この絵は、アングルが油彩画「トルコ風呂」（ルーヴル美術館蔵）の下準備のために白紙に黒チョークで描いた素描画で、左下側に「J・アングル1861年」とのサインが入っている。画廊のマネジャーは、メゾン夫人に伴われて来店したカラン夫人に対し、パリで開催された展覧会のカタログを示して、この作品の図版がアングル作として掲載されていることなどを説明した。こうして、カラン夫人は、彼女が所有するペコ・アーツ社を通じて、1万8千ドルでこの絵を購入した。

カラン夫人は、作品の引渡しを受けた後、これを他の絵画コレクションとともに寝室の壁に飾っていた。

「トルコ風呂」の素描画は複製品だった

カラン夫人は、その所蔵作品すべてに損害保険を掛けていた。所蔵作品が盗まれたり事故により損傷したりしたときの損失を補償するための保険である。彼女は、1970年に「トルコ風呂のための習作」を保険の対象に加える際、その事故に関して補償を受ける金額の上限（付保金額）をその購入代金である1万8千ドルに設定していた。その後、美術品の価格相場が上がったので、1976年、彼女は、所蔵美術品に対する保険の付保金額を変更することにし、美術オークション会社であるサザビーズにこの絵を含むコレクション全体の評価額の査定を依頼した。この査定をしたサザビーズは、この絵が真作どうかについて特に指摘せず、アングル作品であることを前提に当時におけるその評価額を査定した。

そして1981年、カラン夫人は、付保金額を再度変更するため、所蔵美術品の再評価をすることにした。このときは、サザビーズではなく、サマーヴィル・アンド・シンプソンというロンドンの著名な画廊の代表者であるサマーヴィル氏に査定を依頼した。サマーヴィル氏は、素描画や版画を専門に取り扱う画商で、1970年代中頃にカラン夫人と知り合った。彼は、夫人から正式な査定依頼を受けてこの絵を壁から外してよく見たところ、これは複製品ではないかとの疑念を持った。そこで、彼女に断って作品を預かり、額縁を外して詳しく調べた。その結果、サマーヴィル氏は、版画の専門知識と経験に基づき、複製画に違いないと確信した。当時、もしこの絵がアングル作品であるならその評価額は6万ドルから8万ドルだが、複製画は無価値に等しい。

カラン夫人は、この報告を受け、ロンドンの高等法院にペコ・アーツ社を原告とする訴訟を起こし、作品を売却したハズリット・ギャラリー（被告）に対して代金として支払った1万8千ドルの返金とこれを支払ってから10年余の期間における金利分に相当する損害金2万3400ドルの支払いを求めたのである。

■裁判

カラン夫人は、「アングルの真作である」と信じて購入した

原告ペコ・アーツ社の請求の根拠は次のとおりである。すなわち、原告の代表であるカラン夫人は「この絵はアングル直筆の素描画である」とするメゾン夫人および被告ハズリット・ギャラリーの説明を信じて、アングルの真作としてこれを購入することにした。しかし、実際はこの絵は複製画に過ぎなかった。よって、原告と被告との間の売買契約は、その目的物が原画か複製画かという重大な事実について間違った認識、すなわち、錯誤があることによって締結したものであるから、契約としての効力を生じていない。契約が無効である以上、被告が売買代金を受け取る根拠は元々なかったので、被告は原告に代金を返還すべきである。また、被告は、この代金を根拠なく保持してきたので、その間の金利に相当する損害金を支払うべきである。

購入後10年以上も経っている

被告ハズリット・ギャラリーは、サマーヴィル氏の鑑定報告を受けてこの作品を調べ直したところ、複製品である可能性を否定するのは難しいと判断した。

しかし、被告は、原告の請求がこれを購入した後10年以上も経っている点を指摘して反論した。イギリスでは、出訴期間制限に関する法律（出訴期間制限法）により、契約違反、不法行為その他の法律上の

請求をするための訴訟を裁判所に提起することができる期間を制限している。出訴期間制限法の32条では、錯誤によって契約を締結したことを根拠とする代金返還請求は、「錯誤があったことを知ったとき、または合理的な調査をすれば知ることができたときから6年を経過した後」には、もはや請求できなくなると定めている。[†4] そこで被告ハズリット・ギャラリーは、「原告とカラン夫人は10年以上もの間、合理的な調査をしなかったのであるから、原告の請求は、出訴期間制限法により、もはや認められない」と主張した。これに対し、原告は「合理的な調査はしていたが、贋作であることは最近まで発見できなかった」と主張して争った。

合理的な調査とは？　購入後に真贋の調査は必要か？

被告ハズリット・ギャラリーは、原告ペコ・アーツ社の請求の根拠のうち、この作品が複製品であることやカラン夫人がこれをアングル直筆と信じて売買契約を締結したことについては争わなかった。そこで、この裁判の争点は、「原告は、この絵が複製かどうかを発見するための合理的な調査をしたのかどうか」という点に絞られた。

カラン夫人は、本人尋問において、この絵の真贋については1981年にサマーヴィル氏の報告を受けるまで一度も疑問を抱かず、第三者にその調査を依頼していないこと、これまで購入してきた美術品取引の経験上でも、美術品が真作であることについては売主である画廊や画商の説明だけを信頼し、その調査をするのは所蔵品を転売する場合だけであること、転売の際における真贋の調査は、売却を委託した画廊や画商に任せていることなどを証言した。サマーヴィル氏も証言台に立ち、「カラン夫人のようなアマチュアのコレクターの場合は専門家である売主の説明に依拠するのが通常であり、購入する際に自ら真贋の調査をすることは稀である。」と述べた。

被告ハズリット・ギャラリーは、「美術品を購入したコレクターは、自らも作品の真贋を調査するのが常識である」と主張した。被告のマネジャーは、「購入者が真贋調査をする義務を負わないとすれば、はるか昔に画廊から美術品を買った顧客がたまたま贋作と気づいたとき、いつでも代金返還と金利分の損害金を請求できることになり、画廊の経営は成り立たなくなる」と強調した。

裁判所の判断[†5]「素人が専門家の話を信じたときは調査義務を負わない」

裁判所は、「原告は、美術専門家であるメゾン夫人と売主である一流画廊のマネジャーの説明を信じてこの作品を購入したのであるから、この時点でアマチュアのコレクターとしての真贋確認の義務をすでに尽くしているし、仮にそうでないとしても、原告は、1976年にサザビーズにこの絵の評価額の査定を依頼したことにより、美術専門会社であるサザビーズが真贋について疑義を持った場合は指摘してくれることが期待できたので、この時点で合理的な調査義務を尽くしたことになる」と述べた。よって、「出訴期間制限法が定める錯誤があったことを知ったとき、または合理的な調査をすれば知ることができたときから6年の出訴期間は経過していない」と判示した。

また、この請求を認めると「画廊の経営が成り立たなくなる」との被告の主張について、裁判所は、

「本件は美術品の真贋に関する錯誤により売買契約が無効になるという特殊な事案であるから、美術品取引全体に関する被告の心配はあたらない」と述べた。

結論

1983年、高等法院は、以上の理由で、被告ハズリット・ギャラリーに対して原告ペコ・アーツ社への代金の返還と損害金の支払いを命じた。

■事件の評価と教訓

画廊の責任が追及されることは少なくない

美術品の買主が後日購入品は贋作であることが知ったとき、売主である画廊の責任を追及するために訴訟を起こす事件は少なくない。英米法上、その場合の責任追及の法的根拠としては、①売主の契約違反を理由とする契約解除と解除に基づく代金返還および損害賠償請求、②売主の不実表示（贋作であるのに真作と説明して取引したこと）を理由とする契約取消しによる代金返還および損害賠償請求、③錯誤（真作と思って取引したのに実は真作ではなかったこと）による契約無効を理由とする代金の返還請求がある。

これらのうち、③の錯誤を根拠とする主張は、ほとんどの場合認められない。錯誤による契約の無効は、売買契約の目的物が存在しない場合など、錯誤によって契約上の義務を果たすこと自体が不可能であるときに限られるからだ。

この事件における絵画の買主、ペコ・アーツ社（すなわちカラン夫人）は③の錯誤を根拠に代金返還等を求めた。それに対して、売主のハズリット・ギャラリーは、錯誤に基づく請求が成り立つかどうかは争わず、この絵が複製品であった以上、ハズリット・ギャラリーは原則として代金返還義務を負っていることを前提として、出訴期間制限法に基づいて原告はもはや返還請求権を行使できないとの反論だけを行った。その結果、裁判では、出訴期間制限法32条（錯誤を根拠とする請求権は錯誤を知ったとき、または合理的な調査をすれば知り得たときから6年を経過するまでは行使できる旨の規定）が贋作売買に適用されることになった。先に紹介した【事件17】（リーフ対インターナショナル・ギャラリー事件）の判決に鑑みれば、仮にハズリット・ギャラリーが「契約は無効ではない」と主張して争っていたとしたら、異なる結論になっていた可能性がある。もっとも、真作の取扱いを信条とする一流画廊としてはそのような争い方はしたくなかったのかもしれない。

アマチュアコレクターは売主の説明を信頼するのが通常

以上の理由により、この判決の結論部分の適用場面はあまり多くないと思われるが、裁判官は、その判断の中で、美術品取引の実務に影響する重要な指摘をしている。

すなわち、裁判所は、「アマチュアのコレクターが美術専門家である画廊や画商から美術品を購入する場合は、作品の真贋に関しては売主の説明を信頼するのが通常の実務であり、別途に専門家を雇って作品の真贋を鑑定しなくても買主としての合理的な調査義務は尽くされている」と述べている。イギリスの判例法は、贋作売買の買主が契約違反による解除や不実表示による契約取消しを請求するための要件として、買主が売主の説明を信頼して取引したことを必要としている（後記【事件19】および【事件20】参照）。この判決における指摘によれば、アマチュアのコレクターが美術品取引業者から購入した場合は、原則としてこの要件が満たされることになる。画廊、画商は、そのことを肝に銘じて取引する必要がある。

■アングルの「トルコ風呂」

ジャン・オギュースト・ドミニク・アングル（1780年−1867年）は19世紀フランスの新古典主義の画家である。彼は、ジャック＝ルイ・ダヴィッドの後を継いで新古典主義様式を完成させ、新興勢力であるロマン主義の画家ドラクロワと激しく対立しながら、サロンの中心的存在である新古典主義派の牙城を守った。この情報から受けるアングルのイメージは保守派、守旧派のリーダーということになるが、実際の彼の作品は、結構な問題作が多かった。彼が30代の頃に描いた代表作の一つ「グランド・オダリスク」（1814年、ルーヴル美術館蔵）は、背を向けて横たわる女性の裸体を描いたものだが、注文者であるナポレオン3世の妹から受け取りを拒否され、画壇からは、長く伸びすぎた背筋に対し「脊椎骨が三本多い」などと大批判を浴びた。しかし、彼としては、人体の原寸法を知り尽くしたうえで、背中の美しさを強調するためあえて現実を誇張したものだった。

本事件の対象となった「トルコ風呂のための習作」は、アングルが、大作「トルコ風呂」の制作に取り掛かる前に練習のために描いた素描画の複製品である。「トルコ風呂」は、1862年、82歳だったアングルが、ナポレオン3世の注文により、ハレムの裸婦たちの官能的な姿を描いた油彩画である。しかし、この絵は、皇妃が「あまりにもハレンチ過ぎる」と不快感を示したために返却され、3年後に元トルコ大使が購入するまでは買い手がつかなかった。その後、エドガー・ドガがこの作品のパリ万博への出品を提案したが、政府はこれを拒絶した。また、ルーヴル美術館に収蔵する話が二度ほど出たが、美術館側がこれを断っている。結局、1911年、ルーヴル美術館は、「美術館の友の会」がこれを一旦購入してから寄贈するという形をとることにより、ようやく「トルコ風呂」を受け入れた。

このようないわくつきの絵画だが、その大胆な裸体表現や写実性にこだわらないデフォルメの仕方は、マティスやピカソにも大きな影響を与えた。現在、「トルコ風呂」は、裸体美を追求し続けたアングルの晩年の傑作として高く評価されている。

アングルは、この「トルコ風呂」の下絵となる習作を何点も作成し、ルーヴル美術館には、このうちの4点が収蔵されている。しかし、本事件で複製画とされた作品は、現在までに知られているどの習作とも異なり、その原画の所在は不明である。

事件19

美術専門商が購入したガブリエレ・ミュンター作品（贋作）

ハーリンドン対クリストファー・ハル事件［イギリス］

■事件の経緯

ミュンター作品の預入れ

ロンドンの一等地にあるクリストファー・ハル社は、主に現代アート作品を取り扱う画廊である。1984年秋、ハル社の画廊に油彩画が預けられ、販売を委託された。この作品とともに持ち込まれたオークション・カタログのコピーには、「ドイツ表現主義の画家、ガブリエレ・ミュンター（1877年－1962年）の作品」と記載されていた。画廊経営者であるクリストファー・ハル氏は、イギリスの若手現代美術家の作品を専門とし、ミュンターの名前もその作品も知らなかった。そこで、オークションハウスのクリスティーズにこれを見せたところ、クリスティーズの担当者は興味を示したので、「おそらく真作であろう」との感触を得た。ハル氏は、ドイツの美術品を取り扱う専門店であるレインスター画廊に電話をし、「ガブリエレ・ミュンターの作品が手元にあり、いつでも販売できる。」と伝えた。

ミュンター作品の売買

レインスター画廊は、ハル氏からの申入れに興味を持った。1984年11月、レインスター画廊の従業員ランケル氏は、ミュンター作という作品を見るためクリストファー・ハル社の画廊を訪れた。ハル氏はランケル氏に油彩画を見せたうえで、「私自身はガブリエレ・ミュンターのことも彼女の作品のこともほとんど何も知らない。」と正直に告げた。ランケル氏も、ドイツ表現主義の作品を鑑定するトレーニングを受けたことはなかったが、ハル氏が示したオークション・カタログのコピーに、「アッパーババリアのヴィレッジ通り、油彩画39×48センチ、額縁あり、左下にMUのロゴ、裏面にガブリエレ・ミュンターの遺産を示すスタンプ付きラベルが貼付」との記載があり、作品がそのとおりのロゴ、ラベルのある油彩画であることは確認できた。ランケル氏は、その出所来歴その他に関して特に質問はせず、売買代金の交渉に入った。しかし、ハル氏は、最初に申し出た価格6千ポンドから一切の減額に応じなかった。結局、両者は、「ランケルがとりあえず作品を預かり、その転売先が見つかったときにクリストファー・ハル社から6千ポンドで購入する。ただし、買い手が見つからない場合は購入を取りやめて返却する」という条件の取引に合意した。

1984年12月1日、作品はノッティングヒルのレインスター画廊に引き渡された。その2日後、レインスター画廊はハル氏に対して、「この絵を欲しがっている顧客が見つかったので6千ポンドで買い取る。」と伝えた。同じ日、クリストファー・ハル社は、レインスター画廊宛てに、「ガブリエレ・ミュンター（1877年‐1962年）油彩画39×48センチ、代金6千ポンド」と記載した請求書を発送し、代金の支払いを受けた。

贋作の発覚

1985年2月、この絵をレインスター画廊から購入した個人収集家は、その評価額を査定するため、ミュンヘンでガブリエレ・ミュンターの遺産を管理する、ミュンター・アイヒナー財団にこれを送った。すると、同じ月、財団の館長から、「三名の専門家がそれぞれ鑑定した結果、この作品は贋作との意見だった。」との返信が届いた。この情報は、レインスター画廊に伝えられ、画廊は顧客に代金を返金し、作品の返品を受けた。レインスター画廊は、ハル氏に事情を伝え、「6千ポンドを返してほしい」と求めたが、クリストファー・ハル社は返金を拒絶した。

そこで、1985年6月、レインスター画廊を経営するハーリンドン社（原告）は、クリストファー・ハル社（被告）に対して6千ポンドの返金を求める訴訟をロンドンの裁判所に提起した。

■裁判[†6]

「真作を売買すること」は契約の条件か？

イギリスの物品売買契約に関する法律（物品売買法）は、「物品の売買契約が、その物品を表示することによる契約である場合、その売買契約において、その物品が表示したとおりの物であることは契約の条件である」と定めている。[†7] この物品売買法上、購入した物品が表示と異なる場合、買主は契約を解除して代金の返還を求めることができる。原告ハーリンドン社は、この法律に基づいて、「被告クリストファー・ハル社は、作品がミュンター作であると告げて表示したのだから、そうでないことは契約の条件に違反する」と主張し、契約を解除して代金の返還を請求した。

これに対し、被告クリストファー・ハル社は、「美術品の売買契約は、『物品を表示することによる契約』ではない」と反論した。「物品を表示することによる契約」の典型例は、「ボルドー産赤ワイン、銘柄△△の××年物〇〇本」の売買のように、当事者間で物品を表示することによって目的物が定まる契約である。しかし、美術品の取引は、通常は作品自体を目の前にして行われる。そのような場合、売主が作品に関して買主に伝える説明は、買主の判断材料となる情報の提供に過ぎず、そのすべてを契約の条件とする意図ではない。そこで、被告は、「本件の油彩画のような美術品の売買契約には、原告が主張する物品売買法の規定は適用されない」と主張して争った。

裁判所の判断「真作であることは契約の条件ではない」

裁判所は、いくつかの先例を検討のうえ、「美術品のような唯一無二の物の売買において、売主による物品の説明が契約の条件になるのは、物品がその説明に合致していることを契約の条件とすることについて、両当事者が共通の意図を有していることが明らかに認められる場合に限られる」との法原則を示した。そして、本事件において、原告ハーリンドン社が経営するレインスター画廊は被告クリストファー・ハル社よりもドイツ美術に詳しい画廊であったこと、被告のマネジャーであるハル氏は、原告のランケル氏に対して「ミュンターやその作品のことは知らない」と伝えていたこと、ランケル氏は作品自体とオークション・カタログを検分して購入を決定したことなどから、「原告は、被告が『ミュンターの作品』と述べたことを信用して購入することを決めたのではなく、作品を見分したうえで自らの判断で購入の申入れをしたのだから、両当事者間においてこの作品がミュンターの真作であることを契約の条件とする意図があったとはいえない」と判示した。

結論

以上の理由で、１９８９年12月、高等法院は、「原告ハーリンドン社による契約解除および代金返還請求は認められない」との判決を下した。

■事件の評価と教訓

美術専門家が買主の場合、自身が検分して判断することが期待される

美術品の購入者は、真作と信じて買った作品が後日贋作であることを知ったとき、売主である画廊の責任を追及しようとする。【事件18】でも述べたとおり、イギリス法上、このための法的根拠としては、①売主の契約違反による契約解除と解除に基づく代金返還および損害賠償請求、②売主の不実表示を理由とする契約取消しとこれに基づく代金返還および損害賠償請求、および③錯誤による契約無効を理由とする代金の返還請求がある。

本事件では、このうちの①、すなわち契約違反による解除ができるかどうかが争われた。結論としては、買主が画廊などの美術品取引の専門家である場合、買主自身が作品を検分して真作かどうかを判断のうえ購入することが期待されているので、売主による契約違反の主張をしても認められる可能性が低いことが明らかになった。このことを踏まえ、美術品の購入者は、購入品が贋作だった場合に売主に確実に責任を追及できるようにするためには、実務上、売買契約において、「売主は買主に対し、作品が真作であることを約束（または保証）する」との条項（真蹟保証条項）を入れ、これに違反した場合は代金を返還することを明記しておくべきものとされている。

■ミュンターとカンディンスキー

ガブリエレ・ミュンター（１８７７年－１９６２年）は、ベルリン出身のドイツ表現主義の画家である。彼女は、１９１１年、ミュンヘンにおいて、ワシリー・カンディンスキー（１８６６年－１９４４年）らとともに「青騎士」という若手芸術家グループを立ち上げた。「青騎士」は、それまでの絵画の常識だった「自然の人、物、事象をカンヴァスに表現すること」へのこだわりを捨て、形に捕らわれずに芸術の根底にあるものを表現することを共通理念にした芸術運動である。カンディンスキーは、この活動を通じて抽象絵画に到達した。彼とミュンター以外の青騎士のメンバーには、フランツ・マルク、アウグスト・マッケ、アレクセイ・フォン・ヤウレンスキー、パウル・クレーなどがいる。

ミュンターは、１９０１年からミュンヘンの美術学校でカンディンスキーの生徒としてその教えを受け、１９０３年以降は私生活でも彼のパートナーになっている。ただし、カンディンスキーは１９１１年まで他の女性と結婚していたので、当時は不倫関係だった。

その後１９１４年に第一次世界大戦がはじまると「青騎士」は崩壊し、二人は戦火を逃れてストックホルムに移住して同棲する。しかし、カンディンスキーは１９１６年に突然ストックホルムを離れて一人ロシアに戻る。ミュンターはカンディンスキーの帰還を待ち続けたが、彼は１９１７年にロシアでほかの女性と結婚し、二度とミュンターに会いに行かなかった。

１９２０年以降に一人でドイツに戻ったミュンターは、カンディンスキーの弁護士からの書簡を受け取った。カンディンスキーは、ストックホルムを離れた際に、ミュンターの元に大量の作品や資料を残していたので、彼女に対し、それらの引渡しを求めてきたのだった。二人の間で法廷闘争になったが、その後、和解が成立し、数点の大作だけを除くほとんどの作品と資料は、ミュンターの元に残されることになった。

1930年代に入り、ナチスが政権を握り、前衛芸術への政治的弾圧が激しさを増した。青騎士に属した芸術家たちの作品は、ナチスにより「退廃芸術」に指定されたが、ミュンターは、カンディンスキーが残した大量の作品を自宅の地下室に隠して守り続けた。

1957年、80歳になったミュンターは、80点以上のカンディンスキーや他の青騎士メンバーの作品をミュンヘン市に寄贈し、これらはミュンヘン市立レインバッハ美術館の収蔵品になった。そして1962年に彼女が亡くなった後、遺言により、その他の美術品や資料もレインバッハ美術館に預託された。このおかげで、今日でもミュンヘンに行けば、カンディンスキー、ミュンターその他の青騎士メンバーの当時の作品を観ることができる。

ミュンターの作品としてよく知られているのは、1909年作の「マリアンネ・フォン・ヴェレフキンの肖像」(レインバッハ美術館蔵)である。大胆に単純化した太い輪郭線と限定した色彩だけでモデルの優美さを表現した作品で、当時における青騎士の作風を忠実に表した肖像画としての最高傑作といわれている。しかし、彼女がこの絵を描いたのは、青騎士結成の2年前だったので、むしろ、青騎士の作風をリードした作品の一つといった方がよいだろう。

ミュンターは、晩年まで画家としての活動を続けた。生涯に何度も作風を変えたカンディンスキーとは異なり、彼女の絵画は常に、この青騎士時代から変わらぬ特徴を持ち続けている。

事件20

ヴァン・ダイク「レノックス公ジェイムス・スチュアート」は贋作だったのか？

ドレーク対トマス・アグニュー事件［イギリス］

■事件の経緯

「レノックス公ジェイムス・スチュアート」の肖像画

１９９６年、オークションハウス、サザビーズは、ロンドン郊外のイックワースにあるブリストル侯爵邸において、侯爵家の所蔵品のオークションを行った。このオークションに出品された美術品には、17世紀に英国王チャールズ１世の従弟の肖像とされる「レノックス公ジェイムス・スチュアート」と題された油彩画（以下、「レノックス公の肖像」）が含まれていた。サザビーズが発行したこのオークションのカタログには、この作品の作者は「アフター・サー・アンソニー・ヴァン・ダイク」と記載されていた。美術界の用語で「アフター」とは、本人の作品ではなく、「その弟子または後世の画家が模写した作品」という意味である。

ロンドン・ボンドストリートにある一流画廊、トマス・アグニュー・アンド・サンズ（トマス・アグニュー画廊）の経営者であるジュリアン・アグニュー氏は、このオークションのカタログを事前に見て、この作品が「アフター・サー・アンソニー・ヴァン・ダイク」と記載されていることを知っていた。しかし、アグニュー氏は、オークションの下見会でこの絵を見分した際、ヴァン・ダイク作品を長年扱ってきた彼の経験に基づき、それがヴァン・ダイクの手による真作の可能性があると判断した。ヴァン・ダイクがこの絵と同じ人物（レノックス公）を描いたといわれる肖像画は少なくとも三枚ある。そのうちの一枚目はルーヴル美術館、二枚目はニューヨークのメトロポリタン美術館、三枚目はロンドン郊外のケンウッド・ハウスが所蔵していた。アグニュー氏はこれらを検討し、さらに様々な文献を調べたうえで四枚目の真作と考えられるこの「レノックス公の肖像」を手に入れることにし、オークションに参加してこれを30万ポンドで落札した。

四枚目のヴァン・ダイク作品？

作品購入後、アグニュー氏は、専門業者に依頼してその洗浄と修復をしたうえ、様々な美術専門家にこの絵の写真を送って感想を求めた。特に重要な専門家である、ルーヴル美術館キュレーターのジャック・フーコー氏と英国におけるヴァン・ダイク研究の権威オリバー・ミラー卿の二人には、実物を見せて意見を聞いた。フーコー氏は、ルーヴル美術館所蔵の作品とこの絵を実際に見比べて、「双方ともヴァン・ダイクの真作に違いない」との意見を述べた。しかし、オリバー卿の見解は異なった。その最終意見は、「ヴァン・ダイクが描いたレノックス公の肖像画はこれらとは別に存在し、ケンウッド・ハウスの作品はその準備のために描いた真作だが、この絵やその他の二作品は、彼の工房において彼の監督の下に弟子たちが描いた模写である」ということだった。しかし、アグニュー氏は、専門家たちの意見と自分の研究結果を検討のうえ、彼が購入した「レノックス公の肖像」をヴァン・ダイクの真作として販売することに決定し、これに200万ポンドの売値を付けた。彼が準備した販売用の小冊子は、フーコー氏の意見とともにオリバー卿の反対意見を並べて紹介したうえでアグニュー氏自身の分析結果を示して、「この作品はヴァン・ダイクの真作である」と結論づけている。

美術品収集家ドレークと美術商カラン

テキサスの実業家リチャード・ドレーク氏は、熱心な美術品収集家であり、そのコレクションを展示する美術館の設立を計画していた。彼は、ニュー・オーリンズの美術商カラン氏の画廊から、主に19世紀および20世紀のヨーロッパ絵画を多数購入していた。1998年、カラン氏がアートフェアに参加するためにロンドンに行くと聞いた際、ドレーク氏は彼に、「ルーベンス、ヴァン・ダイクのようなオールドマスター（ルネサンス、バロック期の巨匠のこと）の作品が欲しいので、手に入れてくれ。」と依頼し、購入した作品について、代金の5パーセントから10パーセントの手数料を支払うと約束した。

この年の6月、カラン氏は、ドレーク氏の依頼に基づき、ロンドンの一流画廊トマス・アグニュー・

アンド・サンズを訪れ、ヴァン・ダイクが描いたという肖像画「レノックス公ジェイムス・スチュアート」を勧められた。代金は200万ポンドということだった。彼がアグニュー氏から受け取った小冊子には、この作品について「サー・アンソニー・ヴァン・ダイク『レノックス公ジェイムス・スチュアート』油彩画40×29インチ、1819年から1996年までブリストル侯爵家が所蔵」と記されていた。彼は、この小冊子を持ってアメリカに戻り、小冊子のコピーと作品の写真をテキサスのドレーク氏に送付した。これを見たドレーク氏は、「これを是非とも購入したい。」とカラン氏に伝えた。

「レノックス公の肖像」の売買

カラン氏は、依頼主ドレーク氏から購入指示を受けた後、何度かトマス・アグニュー画廊に電話を入れてこの絵の購入のための交渉をし、1998年5月頃、売買代金を150万ポンドに減額することで合意した。

この最後の電話の際、カラン氏は、アグニュー氏に一つの質問をした。カラン氏の調査によれば、1994年11月に開催されたサザビーズのオークションに別のヴァン・ダイクの絵画が出品されていた。しかし、その落札価格が150万ポンドよりもはるかに低かった。カラン氏はそのことを指摘して、その理由を尋ねたのである。アグニュー氏は「確認のうえ後で回答する。」と答えた。

アグニュー氏は、カラン氏が言及した1994年11月のオークション・カタログを取り寄せたところ、出品されていたのは「アフター・サー・アンソニー・ヴァン・ダイク」と表記された絵画であり、ヴァン・ダイクの真作ではなかった。そこで、１９９８年6月、アグニュー氏はカラン氏の質問に対する返答の書簡を送付した。すなわち、１９９４年のオークションに出品されていた作品は「アフター・ヴァン・ダイク」であり、その落札価格はヴァン・ダイクの真作としての価格ではないということだ。この書簡には、「これまでにこの絵についてすべてご説明しましたが、他にもご質問があれば何でも答えます。」と記されていた。カラン氏はそれ以上の質問をせずに購入を決定した。代金１５０万ポンドが6月25日にドレーク氏からトマス・アグニュー画廊に支払われ、作品はドレーク氏に引き渡された。

贋作の疑い

ドレーク氏は、トマス・アグニュー画廊から「レノックス公の肖像」を購入した後、その真贋について疑いがあるとの噂を耳にした。そこで、ヴァン・ダイク研究者であるオリバー・ミラー卿に意見を求めたところ、オリバー卿は、それ以前にアグニュー氏に伝えたとおりの見解をドレーク氏にも伝えた。ドレーク氏は、この絵が、１９９６年のサザビーズのオークションでトマス・アグニュー画廊が30万ポンドで落札したものであることをオリバー卿から聞き、初めてその事実を知った。

２００1年、ドレーク氏（原告）は、「購入した作品は贋作であるから売買契約を取り消す」と主張し、トマス・アグニュー画廊（被告）に対して代金の返還を求めて、ロンドンの高等法院に訴訟を提起した。

■裁判[†8]

ドレーク氏の言い分と争点

原告ドレーク氏は、代金返還請求の根拠として、二つの種類の主張をした。一つは、「被告トマス・アグニュー画廊は原告の代理人だったカラン氏にヴァン・ダイク作の絵画を売ると約束したのに贋作を売ったのだから、被告は契約に違反している」ので売買契約を解除するとの主張、もう一つは、「被告はカラン氏に『この絵はヴァン・ダイクの真作である』という虚偽の事実を告げて贋作を真作と信じ込ませて売ったのだから、不実表示を理由に契約を取り消す」との主張である。

どちらの主張も、この作品が贋作であることを前提としているが、被告トマス・アグニュー画廊はそのこと自体を争い、「この作品はヴァン・ダイク作である」と主張した。そこで、裁判所は、①本件の「レノックス公の肖像」の作者はヴァン・ダイクかどうか、②被告は、契約の条件としてこの作品がヴァン・ダイクの真作であることを約束していたかどうか、③被告は虚偽の表示をしてカラン氏にこの作品を購入させたかどうかの3点について審理した。

作者はヴァン・ダイクか？

美術品の真贋が裁判所で争われたとき、通常は中立的な美術専門家が証人として呼ばれ、鑑定意見を述べる。しかし、この事件の裁判で鑑定人としての意見を証言したのは、被告の代表者であるアグニュー氏と原告にこの裁判のきっかけとなる助言をしたオリバー卿の二人だった。両当事者は、他の鑑定人を呼びたかったが、ヴァン・ダイクの専門家は限られているうえ、アグニュー氏とオリバー卿への遠慮もあり、誰も引き受けなかったのだ。

オリバー卿は、この作品の細部をケンウッド・ハウスの作品と比較し、「この絵は、ヴァン・ダイク本人の作品よりも全体的に質が劣るので、彼の工房で働いていた有能な助手が真作を手本に描いた模写である。」との意見を述べた。被告トマス・アグニュー画廊の代理人弁護士は、「オリバー卿のいうとおりとすれば、この絵と同じ構図の真作があるはずなのに、そのような真作はどこにも存在しない。」と指摘した。しかし、オリバー卿は、「真作が見つかっていない美術品はほかにも多数存在する。」と返答した。

アグニュー氏は、真作であることの根拠として、この絵には仕上げの筆入れによる修正が2か所あることを強調した。仕上げの筆入れは、芸術家が助手に描かせたものを最終段階で完成させるために行う作業であり、他人の絵を複製しただけの作品には見られない。しかし、オリバー卿は、「この絵がヴァン・ダイクの工房による作品であるとしたら、彼の一番弟子が仕上げをすることもあり得る」と述べ、仕上げの筆入れの重要性を否定した。

裁判所は、双方の証言はいずれも説得力があるとしながら、結論としては、オリバー卿の証言を採り、「この作品はヴァン・ダイクの真作ではない」と認定した。「アグニュー氏の長年の経験に基づく意見も敬意に値するが、出所来歴その他の明らかな証拠がない以上、ヴァン・ダイクの第一人者と誰もが認めるオリバー卿の鑑識眼を信ずるほかない」という理由である。

ヴァン・ダイクの真作であることは売買契約の条件か？

イギリスの物品売買法は、「物品の売買契約が、物品を表示することによる契約である場合、その物品が売主が表示したとおりの物であることは契約の条件である」と定めている。[†9] 原告は、この規定に基づいて、「被告は、この肖像画はヴァン・ダイク作であると表示したのだから、そうでないことは契約の条件に違反している」と主張した。しかし、裁判所は、先に説明した【事件19】（ハーリンドン対クリストファー・ハル事件）を引用し、この言い分を斥けた。

【事件19】の裁判所は、「美術品の売買の場合は、契約の目的物はその物自体を示して特定されるので、両当事者間において、真作であることを契約の条件とする共通の意図が明白でないかぎり、それは単に売主の意見を述べたに過ぎず、契約条件になるわけではない」と判示している。本事件において、原告の代理人として被告と取引したカラン氏は、ヴァン・ダイクが専門ではないにしろ画商として経験があり、古い巨匠の作品は専門家でも真贋鑑定が難しいことや画廊の説明は意見に過ぎないことを熟知していた。しかも、彼の主たる関心事は、なるべく高価な絵画を買ってドレーク氏から高額の手数料を得ることだった。よって、「両当事者は、作品が真作であることを契約の条件とする明白な意図を持っていたとは言えない」というのが、裁判所の判断である。

トマス・アグニュー画廊は虚偽の事実を告げて取引したのか？

イギリス契約法は、契約の前に一方の当事者が他方に間違った事実を伝えていた場合、その事実が契約条項に含まれなくても、これを信用して取引した者を一定の要件の下で救済するため、不実表示という制度を設けている。この制度により、売買契約の買主は、売主が契約前に告げた真実ではない事実を信じて契約を締結した場合、契約を取り消して売主に対して代金の返還や損害賠償を求めることができる。

原告ドレーク氏は、この制度に基づいて、アグニュー氏が「この肖像画はヴァン・ダイクの真作」と述べたのは間違っていたので、契約を取り消すと主張した。しかし、裁判所は、この主張も認めなかった。彼は、作品の真贋に関する意見を述べただけで、真作であるとの事実を告げたわけではないからだ。カラン氏ももちろんそのことを承知していた。

原告はまた、アグニュー氏がカラン氏に「これまでにこの絵についてすべてご説明しましたが、他にもご質問があれば何でも答えます。」と記した手紙を出したことを捉え、「これまでにこの絵についてすべて説明しました」という部分が虚偽事実であると主張した。この作品は、「アフター・ヴァン・ダイク」と表示されて出品されたオークションで被告トマス・アグニュー画廊が30万ポンドで落札したものなのに、アグニュー氏はそのことを事前に説明しなかったからだ。

しかし、裁判所は、「被告は売買に際して仕入れの経緯や代金を買主に伝える義務はないし、カラン氏が質問しなかったから伝えなかったに過ぎない」として、この主張も斥けた。そもそも、カラン氏はサザビーズの1994年のオークション記録を調べていたのだから、1996年におけるこの絵のオークションの記録も当然調べていたはずである。また、仮にこれに気づかなかったとすれば、カラン氏にとっては、それが重要な関心事ではなかったからに他ならない。よって、いずれにせよ、この事実は、カラン氏の購入の意思決定には影響していないというのが、裁判所の判断である。

結論

以上の理由で、2002年3月、高等法院は、ドレーク氏には同情の意を示しつつ、カラン氏を代理人に選んだ以上、その代金返還請求は認められないと判示した。

■事件の評価と教訓

贋作の疑いがあるときは売主の入手経路の確認を

前記の【事件19】（ハーリンドン対クリストファー・ハル事件）の判決は、美術商のような専門家同士の美術品の売買においては、目的物である美術品が真作であることは、当事者間でそれを契約の条件とする共通の意図が明白である場合を除き、契約の条件にはならないと判示した。本事件の判決は、【事件19】の判例を確認するとともに、売主が「美術品は真作である」との間違った表示（不実表示）をして売却した責任を買主が追及しようとしても、容易には認められないことを明らかにした。裁判所は、

「売主は、買主から問われた場合を除き、美術品の入手経路までも説明する必要がない」とも述べている。よって、美術品を購入する際は、対象作品の出所来歴、および売主が誰からどのような経緯で購入したのかを確認しておいた方がよい。

■ヴァン・ダイクとイギリス

アンソニー・ヴァン・ダイク（1599年－1641年）は、バロック期を代表するフランドルの画家である。彼は、肖像画家として名高いが、バロック期の絵画の主流は歴史画、宗教画、神話画であり、ヴァン・ダイクも青壮年期はこれらを主に描いていた。アントワープ出身のヴァン・ダイクは、10代で大芸術家ルーベンスに弟子入りし、アントワープの大工房で彼の助手として働くようになる。当時の画家の工房では、大量の大きな歴史画、神話画などを短期間に仕上げるため、親方である芸術家が描いた下絵や習作を見本に、弟子たちが作品を描き上げる。ルーベンスの工房では、助手たちは人物担当、衣服担当、草花担当、動物や鳥の担当、背景となる風景担当などに専門分化され、それぞれが協力して一つの大作を描く。ルーベンス本人は適宜に助言をし、最終段階で自ら絵筆を入れて微修正することにより作品を完成させる。こうして出来た作品は、ルーベンス作として注文主に引き渡されるわけだ。ルーベンスの工房にいた頃のヴァン・ダイクは、すでに最も重要な人物画の担当を任されて、その才能を磨いた。20代の頃にはイタリアに居を移してさらに腕を磨き、30代に入ってから、当初は外交官、その後は英国王チャールズ1世の招きで宮廷画家としてイギリスに移住し、そこで大成功を収める。当時のイギリスは、絵画芸術の後進国で、画家は外国人だけ、仕事の中心は、王室や貴族からの依頼で彼らの肖像画を描くことだった。ヴァン・ダイクのもとには肖像画を欲する貴族から注文が殺到したため、彼もルーベンスに倣ってイギリスで工房を構え、分業制で制作依頼を処理した。このため、ヴァン・ダイク作とされる肖像画は膨大な数に上っている。彼の工房で働いた助手たちの多くはオランダやフランドル出身者だったが、大量に出回った彼の工房の作品から学んだ次の世代のイギリス人画家たちが、世界に先駆けてイギリス美術界に肖像画と風景画というジャンルを確立する。ヴァン・ダイクは、その作品と活動を通じて、西欧の美術に多大な貢献をした。

本事件の作品「レノックス公の肖像」は、どうやら真作ではなかったようだが、同じ人物を描いた肖像画のうち、ヴァン・ダイクの真作に間違いないとされているものは、ロンドン郊外ハムステッド・ヒース内のケンウッド・ハウスに展示されている。本事件の裁判ではオリバー卿が「弟子の作品」と断じた他の二枚は、ルーヴル美術館、メトロポリタン美術館がそれぞれヴァン・ダイクの真作として展示している。オリバー卿によれば、これら以外にもう一点未発見の肖像画があるようだが、未だに見つかっていない。

ヴァン・ダイクが描いた肖像画は、イギリスのロイヤル・コレクションとロンドン・ナショナル・ギャラリーに多いが、そのうち特に有名なのは、ナショナル・ギャラリー所蔵の「チャールズ1世騎馬像」（1637年－1638年）である。また、ナショナル・ギャラリーには彼がアントワープ時代に描いた神話画「サティロスに支えられる酔ったシーレーノス」もある。この大作は、ルーベンスの工房で作られたものなので、以前はルーベンス作と表示されていた。しかし、今世紀に入って行われた修復と調査により、人物の大半をヴァン・ダイクが仕上げたことがわかったので、作者名がヴァン・ダイクに変更されたものである。

事件21

日本で裁判になったギュスターヴ・モロー「ガニメデスの略奪」（贋作）

ギュスターヴ・モロー贋作事件［日本］

■事件の経緯

「ガニメデスの略奪」の来日

パリ在住のラフォン夫人は、ギュスターヴ・モロー作とされる「ガニメデスの略奪」というグワッシュ水彩画を所有し、画廊の展示会に貸し出すなどしていたが、1990年代の中頃にこれを手放すことにし、サザビーズのロンドン・オークションに出品した。このときの落札者は、日本の会社経営者だったので、この絵は日本に渡った。1997年頃、この絵の持ち主は、バブル崩壊に伴う経済的事情により、これを彼の取引先である高級衣料品の輸入販売会社、三幸商事に売却した。三幸商事は、銀座の江夏画廊にこの作品を預けて、その販売を委託した。江夏画廊は、欧米の巨匠の版画や挿絵本等を取り扱う一流画廊である。

パリへの帰還

由布紀コーポレーションは、西洋絵画や美術品の輸出入を行う会社である。1990年代の後半、この会社は、日本人のコレクターから美術品を買い取って、外国人に販売する業務を営業の柱の一つにしていた。当時は、バブル経済時代に購入した美術品を処分したがっている日本人コレクターが少なくなかった。

1997年8月、由布紀コーポレーションの代表者である濱田氏は、フランスの友人、クロード・キシシャンから「ルノワールの出物があれば買いたい」との連絡を受けた。その後、キシシャン氏は、彼の顧客であるフランスのラロック画廊のマルク・ラロック氏を伴って来日した。

濱田氏は、二人を銀座の江夏画廊に案内した。しかし、江夏画廊におかれていたルノワール作品は出来が良くなかったので、ラロック氏は関心を示さなかった。その帰りがけに江夏画廊を経営する江夏氏は、二人に一枚の水彩画を見せて、ギュスターヴ・モロー作の「ガニメデスの略奪」であると説明しながら、モローのカタログレゾネのコピーを示した。カタログレゾネとは、個々の作家の総作品目録のことで、その作家の全作品の図版、タイトル、サイズ、制作年等の情報が整理して記載されている。江夏氏が示したカタログレゾネのコピーには、たしかに「作品番号342ガニメデスの略奪」の欄にこの絵と同じ図版が載っていて、「1971年にロンドンのクリスティーズで、約1万2千ポンドで落札された作品」と記載されていた。江夏氏は、「この絵は、数年前にサザビーズのオークションで日本人が落札したが、事情により手放すことになった」と補足説明をした。濱田氏らは鑑定書の有無を尋ねたが、「鑑定書はない」とのことだった。売買価格については、江夏氏から3600万円が提示された。ラロック氏はこの絵に興味を持ったが、ラロック画廊の経営者と相談するため、カタログレゾネのコピーだけを受け取り、いったんフランスに帰国した。

その後、濱田氏は、フランスに帰国したキシシャン氏から、「作品の状態を確認するために『ガニメデスの略奪』のポジフィルムがほしい」との要請を受けたので、江夏画廊からこれを入手してフランスに送った。

1997年9月、ラロック画廊から濱田氏に対し、「30万ドルで購入したい」との連絡があった。濱田氏は江夏画廊と交渉のうえ、濱田氏が経営する由布紀コーポレーションが買主となり、江夏画廊からこの絵を3050万円で購入することになった。翌月に両者間で締結した売買契約は、「買主（由布紀コーポレーション）は売主（江夏画廊）から次の作品を3050万円で購入する。作品名：ガニメデスの略奪、作者：ギュスターヴ・モロー　グアッシ・水彩・パステル、1886年、サイズ：58・5×45・5センチ」と記載された。濱田氏は、売買契約締結の翌日にこの絵の引渡しを受けると、ただちにこれをフランス税関に通関してラロック画廊に送付した。ラロック画廊は、作品受領後に由布紀コーポレーションに30万ドル（約3600万円）を送金し、濱田氏はこれを確認した後、江夏画廊に3050万円を振り込んだ。この差額が由布紀コーポレーションの取り分である。

なお、この取引に先立ち、江夏画廊は、この絵の販売委託先である三幸商事に買い手がついたことを知らせたうえ、三幸商事からこれを2700万円で買い取っている。差額の350万円は江夏画廊の取り分である。

贋作であることの発覚

1998年12月8日、「ガニメデスの略奪」の元所有者だったラフォン夫人は、ロンドンのクリスティーズのオークション・カタログをたまたま見て、以前に自分が所有していた絵と同じ図柄の「ガニメデスの略奪」という作品がカタログに掲載されていることを発見した。彼女は不審に思ってクリスティーズに問い合わせた。これを契機に、ラロック画廊も、日本から購入した作品とは別の「ガニメデスの略奪」がロンドンでオークションに出品されていることを知った。全く同じ図柄の作品が2点存在するということはいずれかが複製品であることを意味する。クリスティーズとラロック画廊は、話合いのうえ、モロー作品の鑑定人として最高権威である二名の美術品鑑定人に2点の作品の鑑定を依頼した。鑑定人らは、二つの作品を実際に見比べて、画紙、技法、署名等を調査したうえ、クリスティーズのオークションに出品された方がモローの真作で、ラロック画廊所有の作品はその精巧な複製画であるとの鑑定結果を報告した。その後、真作の「ガニメデスの略奪」は、クリスティーズのオークションにより18万8500ポンド（約3700万円）で個人コレクターに落札された。

その月の下旬、ラロック画廊は濱田氏に対して、同氏より購入した作品は複製品との鑑定結果が出たことを知らせ、売買代金30万ドルの返還を求めた。そこで、濱田氏は、直ちにこれを江夏画廊に連絡し、由布紀コーポレーションが支払った代金3050万円の返還を請求した。

江夏画廊は、このことを三幸商事に知らせて、三幸商事に支払った代金2700万円の返還を求めたが、このとき、三幸商事は事実上の倒産状態となっていた。江夏画廊は、由布紀コーポレーションから受領した3050万円と三幸商事に支払った2700万円の差額350万円だけを由布紀コーポレーションに返金したが、残額の支払は渋っている。

そこで、由布紀コーポレーション（原告）は、江夏画廊（被告）に対して残額2700万円の返還を求めて、東京地方裁判所に訴訟を提起したのである。

■裁判†10

由布紀コーポレーションの言い分「真作ではなかったので代金を返せ」

日本の民法によれば、契約の一方当事者が契約締結の際に知っていた一定の事実や事情について錯誤があった場合、すなわち真実に反する認識をしていた場合において、①その当事者がその事実を契約締結の前提としていたことが相手方に表示され、かつ②それが契約締結の重要な前提であったときは、③錯誤について重大な過失があった場合を除き、契約の履行を拒絶し、支払済みの代金等の返還を求めることができる（民法95条）。原告の由布紀コーポレーションは、この民法の規定に基づいて、「原告と被告江夏画廊との間の売買契約には錯誤があったので、代金を返せ」と主張した。

被告は、作品「ガニメデスの略奪」の真贋について錯誤があった事実については争わなかったが、それ以外の要件は否定した。そこで、①「この絵がモローの真作であること」を原告が契約締結の前提としていたことが表示されていたかどうか（少し難しいが、言い換えると、「真作でないのなら買うつもりはない」という原告の意向が、契約前に被告に伝わっていたかどうか、ということである）、②真作であることは、契約締結の重要な前提であったかどうか、および③原告に重大な過失があったかどうかの三つの点が訴訟の争点となった。

モローの真作であることが契約の前提だったことは表示されていたか？

被告江夏画廊は、「売買に際し、作品がモローの真作に間違いないと確約したことはなく、これが真作かどうかは特に話題にならなかったので、真作であることは契約の前提ではないし、その表示もされていない」と主張した。

しかし、裁判所は、江夏氏が「この絵はカタログレゾネに出ている」と述べてコピーの該当箇所を示したこと、「この絵は数年前に日本人がオークションで落札したものである」と、カタログレゾネに記載のない来歴について補足して説明していること、原告らが鑑定書の有無を確認したこと、売買契約書には、作品の特定方法として、作者、題名、制作年等カタログレゾネのデータと同じ記載がされていることを総合し、「原告被告間において、この作品がモローの真作であることが契約締結の前提として表示されていた」と認定した。

真作であることは契約締結の重要な前提だったか？

被告江夏画廊は、「この作品が贋作であるとは疑っていなかったものの、それが真作であると保証できるほどの鑑識眼は持ち合わせておらず、これを購入するかどうかの判断は原告側に一切委ねたので、契約締結の重要な前提にはなっていない」と主張した。

しかし、裁判所はこの主張も認めなかった。その主な根拠は売買価格である。江夏氏は、この絵の代金として3600万円を提示し、ラロック画廊は濱田氏に30万ドル（約3600万円）を提示し、濱田氏と江夏氏との間では3050万ドルで合意している。他方、クリスティーズで落札された真作の価格は、18万8500ポンド（約3700万円）である。裁判所は、このことから3050万円という代金は、作品が真作であることを前提としていると認定した。そして、この事実と、原告被告とも長年の美術品取引経験がある画商であること、原告がフランスの顧客に転売するためにこの絵を購入することは被告も認識していたことを総合すると、「この作品が真作でないときは売買の対象にはなり得ないので、真作であることは原告被告間の契約締結の重要な前提であった」と判示した。

買主に重大な過失があったか？

被告江夏画廊は、「原告由布紀コーポレーションの濱田氏はフランス美術に造詣が深く相当の鑑識眼を有しており、また濱田氏の友人であるキシャン氏を通じてフランスの専門家に依頼して真贋を事前に確認することは容易であるのに、これを怠ったのだから、原告には重過失がある」と主張した。

しかし、裁判所は、「売主である被告自身もこの絵は真作と信じていたのだから、原告がそのように信じたことについて重過失の責任を問うことは許されないし、原告は売買に先立ち、被告に鑑定書の有無を問いただすなどの合理的な確認をしていること、モローの最高権威が『精巧な複製画』というように、一見して贋作と判明するような作品ではなかったことなどによれば、原告に重過失があったとはいえない」と述べ、被告の主張を斥けた。

結論

2002年3月、東京地方裁判所は、被告江夏画廊に対し、2700万円とこれに対する遅延損害金を原告由布紀コーポレーションに支払うように命じた。

■事件の評価と教訓

取引を行った国やその地の取引慣行や取引上の常識にも十分に注意を

日本国内の画廊において購入した美術品が実は贋作であることがわかった場合、買主が売主に対して代金の返還を請求しようとする場合の根拠となり得る日本法上の制度は、①契約締結前の説明義務違反による契約解除・損害賠償請求、②消費者契約法による契約取消し、③詐欺による契約取消し、④錯誤による契約取消しなどがあるが、このうち、贋作美術品の買主が最もよく利用するのは④の錯誤である。本事件の判決のように、当事者間で合意した売買代金が真作を前提とした場合の価格に近い場合、裁判所は、錯誤の主張を認める可能性が高い。

他方、イギリスでは、錯誤の主張はほとんど認められず、贋作美術品の買主による代金返還請求が認められるかどうかは、贋作美術品を売ったことが契約違反になるかどうかや不実表示にあたるかどうかが決め手となる。そして、前記の【事件19】（ハーリンドン対クリストファー・ハル事件）、【事件20】（ドレーク対トマス・アグニュー事件）の判決によれば、買主が美術品の取引業者や美術専門家である場合は、代金返還請求は原則として認められない。本事件は、買主、売主ともに画商であり、どちらかといえば買主側の方がフランス美術に詳しかった点において、【事件19】の事実関係と類似している。イギリスでこの事件と同じ事件が起こっていたとしたら、おそらく原告の代金返還請求は認められなかっただろう。【事件19】と本事件を比較すれば、イギリスでは美術品の買主が自己の責任で真贋を判断することを期待するのに対し、日本は、売主の方に贋作を売ってはいけないという厳しい義務を課していることがわかる。この違いは、それぞれの国の取引社会の文化や取引慣行を前提として生じたものといえるだろう。贋作美術品を売った画商の責任を追及しようとする買主は、取引を行った国や地域の法制度の違いだけではなく、その地の取引慣行や取引上の常識にも十分に注意を払う必要がある。

■ギュスターヴ・モローとその作品

ギュスターヴ・モロー（1826年－1898年）は、19世紀フランス象徴主義の最も重要な画家である。象徴主義とは、写実的な表現を重視する従来のアカデミズムに反発し、人間の内面、夢、神秘性などを象徴的に描こうとする運動である。彼は、1864年にサロンに出品した「オイディプスとスフィンクス」（メトロポリタン美術館蔵）でスフィンクスを若い女性の姿で描き物議を呼んだが、結局、サロンに認められ、ナポレオン3世に買い上げられた。その後も晩年に至るまで、オルフェウス、プロメテウス、サロメなどの神話的なテーマを独自の解釈で表現した作品ばかりを描き続けた。しかし、彼が活躍し始めた1860年代は、サロンに対抗するクールベや印象派の先導者であるマネが美術界を賑わせていた時代であり、また彼が美術アカデミーの会員になった1880年代は、サロンは権威を失い、印象派・後期印象派の画家たちが世間の人気を博していた時代である。モローは、このような近代絵画が発展し、進化を遂げた時代に活動しながら、美術史の流れとは全く反対方向の独自の道を突き進んだ。この結果、生前は評価が高かった彼の作品は、彼が亡くなると同時に忘れ去られ、追随者は現れなかった。パリにある彼の居宅は国立美術館になったが、そこを訪れる者はほとんどいなかった。

彼の作品が再評価されたのは、1960年に文化大臣だったアンドレ・マルロー（1901年－1976年）が、フランス芸術の復活を目指す文化政策の一環としてルーヴル美術館においてモローの回顧展を開いたときからである。この展覧会がなければ、時代の流れを無視した彼の作品は、今も歴史の谷間に埋もれていたかもしれない。

モローは、66歳のときから国立美術学校（エコール・デ・ボザール）の教授になっている。彼の授業は大変人気があり、毎年一〇〇名を超える美術学生が集まった。教え子の中には、アンリ・マティス、ジョルジョ・ルオーなど、後にフォーヴィスムを生み出した20世紀フランス絵画の巨匠たちも含まれていた。ただし、モローの授業では、彼自身の作風や主題については一切指導をしなかったので、マティス達がモローの作品を見たのは学校を卒業した後だったという。

「ガニメデスの略奪」は、ゼウスが美少年ガニメデスに恋をし、大鷲に変身して誘拐するというギリシャ神話を題材にした作品で、モローが初めての個展を開いた１８８６年頃に描いたものとされる。同じ主題の作品は、ルネサンス期の画家コレッジョやバロック期のルーベンス、レンブラントなどが描いているが、モローは、例によって独自の解釈による幻想的で神秘性のある作品に仕上げている。その真作は個人蔵だが、彼がこれと同じテーマで描いた「ガニメデス」（１８８６年）という油彩画がパリのギュスターヴ・モロー美術館に展示されている。

ダミアン・ハーストの実験

●NFTアート取引は、2021年3月にデジタル・アーティスト、ビープルがクリスティーズに出品したNFTが6900万ドル（約75億円）で落札されたことを契機に急拡大したが、2022年半ば以降は一時の熱狂が覚め、市場に落ち着きがでてきた。2022年6月のNFT取引高はピーク時の1割を下回ったという。その理由は、この取引に主に利用される暗号資産（仮想通貨）の不振に加え、NFTの実体が徐々に認識され始めたことによる。NFTは、インターネット上にのみ存在するデジタル証明書である。これを特定のデジタル作品と紐付けることにより、NFTの買主は「デジタル作品を買ったこと」の証明書を手に入れるが、作品自体を所有するわけではない。そもそもコンピューターの中にしか存在しないデジタル作品は、法的には所有できない。結局、現在の法制度上、NFTの買主は、著作権者であるアーティストの許諾を受けない限り、デジタル作品を他人に見せたり、隠したり、貸したり、展示公開したりなど、所有者のようにふるまうことは許されない。もっとも、現時点ではまだ、そのことを理解せずに取引に参加している者も少なくないと思われる。

●NFTアート取引が拡大しつつあった2021年7月、過激な作品で知られるイギリスの現代美術家ダミアン・ハーストは、実物のアート作品とNFTアートに対する人々の嗜好を知るための一つの実験を行った。彼は、2016年頃から取り組んでいる色彩豊かなドットを用いたカレンシー（通貨）という絵画作品1万枚を作成した。大きさはすべてA4サイズだが、各作品のデザイン、作品名は一枚ずつ異なり、裏面に彼の手書きのサインがある。そのうえで、彼は個々の作品をデジタル撮影し、それと紐付けられた1万点のNFTを各2千ドル（約22万円）で販売した。実物の作品1万枚は、ハーストが保管を続けた。NFTの売却と同時に、彼は買主に対して、購入の1年後に、そのままNFTを持ち続けるか、それともハーストが保管している実物の作品と交換するかを選ぶ権利を与えた。買主がNFTを選択した場合は、これに紐付けられた作品の実物は廃棄し、実物を選択した場合は、NFTは処分される。ハーストは、この実験により、NFTの買主たちが、彼が創作したアート作品とNFTという仮想資産のどちらに価値を見出すのかを試そうとしたのだ。

●2022年7月、1万人のNFT購入者たちの選択が明らかになった。結果として、5149人が現物の作品、4851人がNFTを選んだ。ハーストは、約束どおり「NFT作品を完成させるため」、4851点のNFTに紐付けた実物の作品を順次に焼却し始めた。実物アートの作者であるハーストにとって、半数近い買主が、彼が創意と労力を注いだアート作品よりもNFTを選んだのは無念だっただろう。しかし、これが半年前なら、NFT選択者はもっとずっと多かったはずだ。この中途半端な結果は、NFT取引の突然の乱入により、まだどちらを選ぶのかを戸惑っている美術品取引市場全体の現状を表している。

●NFTは、法的には不安定なところはあるが、それまで「美術品」として取引することが困難だったデジタルアートを市場に呼び込むうえでは画期的なツールである。今後、これを用いた取引は、デジタルアートとしての評価と人気の高い作品に集約されていくだろう。

†4　最判平成9年9月9日民集51巻8号3811頁。

†5　*De Balkany v Christie Manson and Woods Ltd* [1995] Lexis Citation 3745, Independent 19-Jan-1995, (1997) 16 Tr LR 163.

†6　*Avrora Fine Arts Investment Limited v Christie, Manson & Woods Limited* [2012] EWHC 2198 (Ch).

†7　Unfair Contract Terms Act 1979, Consumer Rights Act 2015、民法1条、568条の2第2項、消費者契約法8条。

†8　*Avrora Fine Arts Investment Limited v Christie, Manson & Woods Limited* [2012] EWHC 2198 (Ch) [155].

V　贋作売買

†1　*Leaf v International Galleries* [1950] 2 KB 86; [1950] 1 All ER 693.

†2　Sale of Goods Act 1983, s 35.

†3　Sale of Goods Act 1983, s 35, Limitation Act 1980.

†4　Limitation Act 19802, s 32(1).

†5　*Peco Arts Inc v Hazlitt Gallery Ltd* [1983] 3 ALL ER 193, [1983] 1 WLR 1315, 127 Sol Jo 806.

†6　*Harlingdon and Leinster Enterprises v Christopher Hull Fine Art* [1991] 1 QB 564.

†7　Sale of Goods Act 1979, s 13(1).

†8　*Drake v Thomas Agnew & Sons Ltd* [2002] EWHC 294 (QB).

†9　Sale of Goods Act 1979, s 13(1)

†10　東京地判平成14年3月8日判例時報1800号64頁。

†15　Arts and Cultural Affairs Law, s 12.03.

†16　島田真琴『アート・ローの事件簿―美術品取引と権利のドラマ篇』慶應義塾大学出版会（2023）【事件 13】参照。

III　盗品・略奪品は取り戻せるのか

†1　Limitation Act 1980, s 7.

†2　*DeWeerth v Baldinger*, 658 F. Supp. 688 (S.D.N.Y. 1987).

†3　N.Y. Civ. Prac. L.R. 214(3).

†4　*Menzel v List*, 22 A.D. 2d 647, 253, N.Y.S. 2d 43, 44 (4th Dep't 1983, *Kunstsammlungen Zu Weimar v Elicofon*, 536 F. Supp. 829, 845 (E.D.N.Y. 1981).

†5　304 U.S. at 78, 58 S. St. at 822.

†6　*De Weerthe v Baldinger*, 836 F.2d 103 (2d Cir. 1987).

†7　N.Y. Civ. Prac. L.R. 214(3), *Menzel v List*, 22 A.D. 2d 647, 253, N.Y.S. 2d 43, 44, on remand, 49, Misc. 2d 300, 267 N.Y.S. 2d 804 (Sup. Ct. 1966).

†8　*Menzel v List*, 22 A.D. 2d 647, 253, N.Y.S. 2d 43, 44 (4th Dep't 1983).

†9　*Solomon R. Guggenheim Foundation v Lubell*, 77 N.Y. 2d 311, 567 N.Y.S. 2d 623, 569 N.E. 2d 426 (1991).

†10　*DeWeerth v Baldinger*, 38 F.3d 1266 (1994).

†11　*Bakalar v Vavra and Fisher*, 819 F. Supp. 2d 293 (S.D.N.Y. 2011), affirmed *Bakalar v Vavra*, 500 F. App'x 6 (2d Cir. 2012).

†12　Holocaust Expropriated Art Recovery Act.

†13　Principles with respect to Nazi-Confiscated Art, Washington Conference on Holocaust-Era Assets, 1998.

†14　*Reif v Nagy*, 2018 WL 1638805 (Sup. Ct. N.Y. County Apr. 5. 2018).

†15　*Reif v Nagy*, 175 A.D. 3d 107, (NY App. Div. 2019).

†16　*City of Gotha v Sotheby's and Cobert Finance* [1998] 1 WLR 114, QB.

†17　Torts (Interference with Goods) Act 1979, s 3.

†18　Foreign Limitation Periods Act 1984, s 1(1).

†19　Foreign Limitation Periods Act 1984, s 2(1).

†20　Limitation Act 1980, ss 2, 3(2), 4(1).

†21　Foreign Limitation Periods Act 1984, s 1(1).

†22　Foreign Limitation Periods Act 1984, s 2(1).

IV　アートの真贋

†1　Paintin, I., The Art of Connoisseurship Through Judicial Eyes: The Law of Negligence and Fine Art Attribution, 20 *Art Antiquity & L.* 101 (2015).

†2　*Hahn v Duveen*, 234 N.Y.S. 185 (N.Y. Sup. Ct. 1929).

†3　東京地判平成 14 年 7 月 30 日判例タイムズ 1160 号 173 頁。

注

I　アートとは何か

†1　Lisa N. Peters, *James McNeill Whistler*, Smithmark (1996).

†2　*William Eden c. Whistler*, Cour de Cassation, 14 March 1900, D.1900.1.497; Cour de Paris, 2 December 1897, D.P.98.2.465.

†3　MaryKate Cleary, But Is It Art? Constantin Brancusi vs. the United States, A MOMA Blog, Inside/Out (24 July 2014).

†4　*Brancusi v. United States*, 1928 Cust. Ct. LEXIS 3.

†5　*Haunch of Venison Partners Ltd v Revenue and Customs Commissioners* [2008] 12 WLUK 359.

†6　Commission Regulation (EU) No. 731/2010 of 11 August 2010 concerning the classification of certain goods in the Combined Nomenclature.

†7　*Lucasfilm Ltd. v Shepperton Design Studios Ltd.*, No. CV05-3434 RGK MANX, 2006 WL 6672241 (C.D. Cal. Sept. 26, 2006).

†8　*Lucasfilm Ltd v Ainsworth* [2008] EWHC 1878 (Ch), [2009] FSR 103, [2009] EWCA Civ 1328, [2010] Ch 503.

†9　*Lucasfilm Ltd v Ainsworth* [2011] UKSC 39.

II　アート犯罪

†1　Theft Act 1968, s 11.

†2　*R v Tokeley-Parry* [1999] Crim LR 578, [1998] Lexis Citation 3646.

†3　Theft Act, s 22(1).

†4　*United States v Schultz*, 333 F.3d 393 (2d Cir. 2003), cert. denied, 540 U.S. 1106 (2004).

†5　National Stolen Property Act of 1934 (18 U.S.C. §§ 2314 et seq.).

†6　Dealing In Cultural Objects (Offences) Act 2003.

†7　Sarah Knapton, "Smuggled ancient sculpture returns to Egypt", *The Telegraph* (19 December 2008).

†8　UNESCO 1970 Convention on the Means of Prohibiting and Preventing the Illicit Import, Export and Transfer of Ownership of Cultural Property.

†9　*People v Museum of Modern Art* (*In re Grand Jury Subpoena Duces Tecum*), 93 N.Y. 2d 729.

†10　National Stolen Property Act of 1934 (18 U.S. Code, § 2314).

†11　*United States v Portrait of Wally*, 2000 U.S. Dist. LEXIS 18713 (S.D.N.Y., Dec. 28, 2000), *United States v Portrait of Wally*, 2002 U.S. Dist. LEXIS 6445.

†12　*United States v Portrait of Wally*, 2009 U.S. Dist. LEXIS 91464 (S.D.N.Y., Sept. 30, 2009).

†13　島田真琴『アート・ローの事件簿―美術品取引と権利のドラマ篇』慶應義塾大学出版会（2023）【事件 10】参照。

†14　Immunity from Seizure Act, 22 U.S. Code, § 2459.

島田真琴「イギリスにおける盗難・略奪美術品の被害者への返還に関する法制度」慶應法学 21 号（2011）79-115 頁。

島田真琴『イギリス取引法入門』慶應義塾大学出版会（2014）222-227 頁。

Sydney M. Drum, Deweerth v. Baldinger: Making New York a Haven for Stolen Art, 64 *N.Y.U. L. Rev.* 909 (1989).

Patty Gerstenblith, Guggenheim v Lubell, 1 *IJCP* 359 (1992).

Laurie Frey, Bakalar v. Vavra and the Art of Conflicts Analysis in New York: Framing a Choice of Law Approach for Moveable Property, 112 *Colum. L. Rev.* 1055 (2012).

Nicholas Joy, Cassirer v. Thyssen-Bornemisza Collection Foundation: The Holocaust Expropriated Art Recovery Act Was Unveiled but Congress Still Has Work to Do, 49 *Golden Gate U. L. Rev.* 3 (2019).

Paul Lomas & Simon Orton, Potential Repercussions from the City of Gotha Decision, 4 *Art Antiquity & L.* 159 (1999).

Ⅳ　アートの真贋

島田真琴『アート・ロー入門』46-58 頁、108-112 頁。

島田真琴『イギリス取引法入門』85-96 頁、182-185 頁。

John Brewer, *The American Leonardo*, Constable (2009).

John Brewer, 'Art and Science: A Davinci Detective Story', *Engine and Science* No. 1/2 (2005) 32-41.

Norman Palmer, Misattribution and the Meaning of Forgery: The de Balkany Litigation, 1 *Art Antiquity & L.* 49 (1996).

Katharine Mason, Treacherous Short Cuts: To Split or Not to Split a Trial - Avora Fine Arts Investments Ltd v. Christie, Manson & Woods Ltd, 18 *Art Antiquity & L.* 411 (2013).

Ⅴ　贋作売買

島田真琴『アート・ロー入門』62-76 頁。

島田真琴「贋作美術品の売買における売主の責任―日本法及びイギリス法の比較」慶應法学 46 号（2021）57-94 頁。

島田真琴『イギリス取引法入門』71-75 頁、97-107 頁、113-115 頁。

Carolyn Olsburgh, *Authenticity in the Art Market: A Comparative Study of Swiss, French and English Contract Law*, Institute of Art and Law (2005).

Angela Fernandez, An Object Lesson in Speculation: Multiple Views of the Cathedral in Leaf v. International Galleries, 58 *U. Toronto L.J.* 481 (2008).

Ruth Redmond-Cooper, Time Limits in Art and Antiquity Claims, 4 *Art Antiquity & L.* 323 (1999).

参考文献

Ⅰ　アートとは何か

島田真琴『アート・ロー入門―美術品にかかわる法律の知識』慶應義塾大学出版会（2021）156-157 頁、202-205 頁。

五十殿利治・野上秀雄『日本美術を愛した蝶―ホイッスラーとジャポニスム』文沢社（2017）115-159 頁。

Robert Aitkin, Whistler v. Ruskin, 27 *Litig.* 65 (2001) 65-70.

Margit Rowell, *Brancusi vs United States: The Histric Trial, 1928*, Vilo Publishing (2001).

Marina P. Markellou, Rejecting the works of Dan Flavin and Bill Viola: revisiting the boundaries of copyright protection for post-modern art, *Queen Mary Journal of Intellectual Property*, Vol. 2 No.2, 175-181.

Anthony Misquitta, What Is Art: Artistic Craftmanship Revisited Lucasfilm Lts. v Ainsworth, 14 *Art Antiquity & L.* 281 (2009).

Ⅱ　アート犯罪

島田真琴『アート・ロー入門』16-18 頁、50 頁。

島田真琴「イギリスにおける盗難・略奪美術品の被害者への返還に関する法制度」慶應法学 21 号（2011）79-115 頁。

フランク・ウイン／小林頼子・池田みゆき訳『私はフェルメール―20 世紀最大の贋作事件』ランダムハウス講談社（2007）。

John Godley, *Van Meegeren: Master Forger*, Charles Scribner's Sons (1967).

Lord Kilbracken, *Van Meegerene A History*, Nelson (1967).

Dr Humphrey Wine, The Missing Goya: Section 11 of the Theft Act 1968, 6 *Art Antiquity & L.* 301 (2001).

Martha Lufkin, Criminal Liability for Receiving State- Claimed Antiquities in the United States: The Schultz, 8 *Art Antiquity & L.* 321 (2003).

Cynthia Ericson, United States of America v. Frederick Scultz: The National Stolen Property Act Revives the Curse of the Pharaohs, 12 *TUL. J. INT'l & COMP. L.* 509 (2004).

Celestine Bohlen, Witness in Antiquities Tells of a Smuggling Plot, *The New York Times* (3 May 2018).

Selling the Past: Details on the Trial - Archaeology Magazine Archive, <https://archive.archaeology.org/online/features/schultz/details.html>.

Susan E. Brabenec, The Art of Determining Stolen Property: United States v. Portrait of Wally, a Painting by Egon Schiele, 69 *U. Cin. L. Rev.* 1369 (2001).

Ⅲ　盗品・略奪品は取り戻せるのか

島田真琴『アート・ロー入門』30-42 頁。

事件 15（エゴン・シーレ）
- ジャン＝ルイ・ガイユマン『エゴン・シーレ』。
- クリストファー・ショート『シーレ』。

事件 16（クストーディエフ）
- A・I・ゾートフ／石黒寛・濱田靖子訳『ロシア美術史』美術出版社（1976）456-458 頁。
- 中野京子『美貌のひと―歴史に名を刻んだ顔』PHP 研究所（2018）160-167 頁。

事件 17（コンスタブル）
- ジョン・サンダーランド／潮江宏三訳『カンスタブル』西村書店（2009）。
- 岡部昌幸監修『世界の美術家』207-209 頁。
- 尾関幸ほか『西洋美術の歴史 7』89-93 頁。

事件 18（アングル）
- 尾関幸ほか『西洋美術の歴史 7』120-123 頁。
- エルンスト・H・ゴンブリッチ『美術の物語』494-497 頁。

事件 19（ガブリエレ・ミュンター）
- ハーヨ・デュヒティング『青騎士』タッシェン・ジャパン（2010）。
- Isabelle Jansen, *Gabriele Münter, 1877-1962: Painting to the Point*, Lenbachhaus (2017).

事件 20（ヴァン・ダイク）
- Karen Hearn (ed.), *Van Dyck & Britain*, Tate Publishing (2009).
- 大野芳材・中村俊春・宮下規久朗・望月典子『西洋美術の歴史 6　17 ～ 18 世紀―バロックからロココへ、華麗なる展開』中央公論新社（2016）478-488 頁。
- エルンスト・H・ゴンブリッチ『美術の物語』403-405 頁。
- 岡部昌幸監修『世界の美術家』115 頁。

事件 21（ギュスターヴ・モロー）
- ジュヌヴィエーヴ・ラカンブル／隠岐由紀子監修・南條郁子訳『ギュスターヴ・モロー―夢を編む画家』創元社（1998）。
- 尾関幸ほか『西洋美術の歴史 7』455-458 頁。

(2005).
- レスリー・アドキンズ、ロイ・アドキンズ／木原武一訳『ロゼッタストーン解読』新潮社（2002）。
- 篠田航一『盗まれたエジプト文明―ナイル5000年の墓泥棒』文芸春秋（2020）130-165頁。

事件08（エゴン・シーレ）

- ジャン＝ルイ・ガイユマン／千足伸行監修・遠藤ゆかり訳『エゴン・シーレ―傷を負ったナルシス』創元社（2010）。
- クリストファー・ショート／松下ゆう子訳『シーレ』西村書店（2001）。

事件09（クロード・モネ）

- ジョン・リウォルド／三浦篤・坂上桂子共訳『印象派の歴史』角川書店（2004）293-296頁、307-310頁。
- エルンスト・H・ゴンブリッチ『美術の物語』517-520頁。
- 岡部昌幸監修『世界の美術家』239-241頁。

事件10（シャガール）

- 青山昌文『西洋芸術の歴史と理論―芸術の深く豊かな意味と力』放送大学教育振興会（2016）233-240頁。
- 木島俊介『もっと知りたいシャガール 生涯と作品』東京美術（2012）20-21頁。
- ダニエル・アルシェッソー／高階秀爾監修『シャガール―色彩の詩人』創元社（1989）35-36頁、56-61頁。

事件11（エゴン・シーレ）

- ジャン＝ルイ・ガイユマン／千足伸行監修・遠藤ゆかり訳『エゴン・シーレ―傷を負ったナルシス』創元社（2010）。
- クリストファー・ショート／松下ゆう子訳『シーレ』西村書店（2001）。

事件12（ウテワール）

- James Clifton, Liesbeth M. Helmus, Arthur K. Wheelock, *Pleasure and Piety, The Art of Joachim Wtewael*, Princeton Univ. Press (2015).
- アーノルド・ハウザー／若桑みどり訳『マニエリスム（中巻）―ルネサンスの危機と近代芸術の始源』岩崎美術社（1970）。

事件13（デュヴィーン）

- フォリップ・フック／中山ゆかり訳『ならず者たちのギャラリー―誰が「名画」をつくりだしたのか』フィルムアート社（2018）162-192頁。
- S・N・バーマン／木下哲夫訳『画商デュヴィーンの優雅な商売』筑摩書房（2000）。
- John Brewer, *The American Leonardo*, Constable (2009).

事件14（佐伯祐三）

- 山田新一『素顔の佐伯祐三』中央公論美術出版（1980）。
- 白矢勝一『佐伯祐三 哀愁の巴里』早稲田出版（2012）。
- 大宮知信『お騒がせ贋作事件簿』草思社（2002）95-101頁。

美術関連の参考資料

事件 01（ホイッスラー）

- 岡部昌幸監修『世界の美術家—その生涯と作品』ポプラ社（2018）225 頁。
- 五十殿利治・野上秀雄『日本美術を愛した蝶—ホイッスラーとジャポニスム』文沢社（2017）115-158 頁。
- エルンスト・H・ゴンブリッチ／田中正之ほか訳『美術の物語』河出書房新社（2019）530-533 頁。

事件 02（ブランクーシ）

- ハル・フォスター、ロザリンド・E・クラウス、イヴ＝アラン・ボワ、ベンジャミン・H・D・ブークロー、デヴィッド・ジョーズリット／尾崎信一郎・金井直・小西信之・近藤学編『ART SINCE 1900—図鑑 1900 年以後の芸術』東京書籍（2019）252-255 頁。
- 末永照和監修『20 世紀の美術［増補新装カラー版］』美術出版社（2013）88-89 頁。
- 岡部昌幸監修『世界の美術家』281-283 頁。

事件 03（フレイヴィン、ヴィオラ）

- ハル・フォスターほか『ART SINCE 1900』540-544 頁、645-646 頁、764-766 頁。
- 末永照和監修『20 世紀の美術』175 頁、195 頁。

事件 04（STAR WARS）

- Peter Jackson, 'Lucas loses Star Wars copyright case at Supreme Court', *BBC News* (27 July 2011), <Lucas loses Star Wars copyright case at Supreme Court - BBC News>.
- Interview: Andrew Ainsworth - the man behind the Original Stormtrooper design - 3D Printing Industry, by Kubi Sertouglu (15 May 2020), <https://3dprintingindustry.com/news/interview-andrew-ainsworth-the-man-behind-the-original-stormtrooper-design-171678/>.

事件 05（メーヘレン）

- フランク・ウイン／小林頼子・池田みゆき訳『私はフェルメール—20 世紀最大の贋作事件』ランダムハウス講談社（2007）。
- 瀬木慎一『真贋の世界—美術裏面史 贋作の事件簿』河出書房新社（2017）69-87 頁。
- John Godley, *Master Art Forger: The Story of Han Van Meegeren*, Wilfred Funk (1951).
- Lord Kilbracken, *Van Meegerene: Master Forger*, Charles Scribner's & Sons (1967).

事件 06（ゴヤ）

- 尾関幸・陣岡めぐみ・三浦篤『西洋美術の歴史 7　19 世紀—近代美術の誕生、ロマン派から印象』中央公論新社（2017）177-190 頁。
- 岡部昌幸監修『世界の美術家』175-179 頁。

事件 07（ロゼッタストーン）

- Richard B. Parkinson, *The Rosetta Stone, British Museum Objects in Focus*, British Museum Press

島田 真琴（しまだ まこと）

弁護士（一橋綜合法律事務所パートナー）。

1979年慶應義塾大学法学部卒業。1981年弁護士登録。1986年ロンドン大学ユニバーシティカレッジ法学部大学院修士課程修了（Master of Law）。ノートンローズ法律事務所、長島大野法律事務所勤務、慶應義塾大学教授等を経て、2022年より現職。2005年から2007年まで新司法試験考査委員。2015年から2016年ロンドンシティ大学ロースクール客員研究員、2018年より同大学名誉客員教授。英国仲裁人協会上級仲裁人（FCIArb）。2022年よりアート仲裁裁判所（CAfA）登録仲裁人。

専門：国際商取引一般、国際訴訟及び国際仲裁、アート法、イギリス法。

著作に、『アート・ロー入門―美術品にかかわる法律の知識』（慶應義塾大学出版会、2021年）、『アート・ローの事件簿―美術品取引と権利のドラマ篇』（慶應義塾大学出版会、2023年）、『イギリス取引法入門』（慶應義塾大学出版会、2014年）、『The Art Law Review』（共著、Business Research Ltd、2022年）ほか。

アート・ローの事件簿
――盗品・贋作と「芸術の本質」篇

2023年4月20日　初版第1刷発行

著　者――――島田真琴
発行者――――大野友寛
発行所――――慶應義塾大学出版会株式会社
〒108-8346　東京都港区三田2-19-30
ＴＥＬ〔編集部〕03-3451-0931
〔営業部〕03-3451-3584〈ご注文〉
〔　〃　〕03-3451-6926
ＦＡＸ〔営業部〕03-3451-3122
振替 00190-8-155497
https://www.keio-up.co.jp/
装　丁――――辻聡
印刷・製本――中央精版印刷株式会社
カバー印刷――株式会社太平印刷社

Printed in Japan ISBN978-4-7664-2883-4